국제
이주
입문

대구대학교 다문화사회정책연구소 총서 **05**

국제
이주
입문

펴낸날 | 2022년 11월 25일

지은이 | 칼리드 코저
옮긴이 | 윤재운

편집 | 정미영
디자인 | 김대진
마케팅 | 홍석근

펴낸곳 | 도서출판 평사리 Common Life Books
출판신고 | 제313-2004-172 (2004년 7월 1일)
주 소 | 경기도 고양시 덕양구 중앙로558번길 16-16. 7층
전 화 | 02-706-1970 팩 스 | 02-706-1971
전자우편 | commonlifebooks@gmail.com

ISBN 979-11-6023-306-3 (03330)

잘못된 책은 바꾸어 드립니다.
책값은 뒤표지에 있습니다.

* 이 저서는 2021년 대한민국 교육부와 한국연구재단의 지원을 받아 수행된 연구임.
  (NRF-2021S1A5B8096275)

대구대학교
다문화사회정책연구소
총서 05

국제 이주 입문

**International Migration
A Very Short Introduction
(2nd Edition)**

칼리드 코저 지음

윤재운 옮김

평사리

차례

CIS	Commonwealth of Independent States 독립 국가 연합
EEA	European Economic Area 유럽 경제 지역
ELR	Exceptional Leave to Remain 예외적인 잔류 허가
EU	European Union 유럽 연합
GCIM	Global Commission on International Migration 국제 이주 위원회
GDP	Gross Domestic Product 국내 총생산
HDI	Human Development Index 인간 개발 지수
HTA	Home Town Association 향우회
ICMPD	International Centre on Migration Policy Development 국제 이주 정책 개발 센터
ICT	Inter-Corporate Transferee 기업 내 전근자
IDP	Internally Displaced Person 국내 이재민
ILO	International Labour Organization 국제 노동 기구
IOM	International Organization for Migration 국제 이주 기구
IPS	International Passenger Survey 국제 승객 조사
LFS	Labour Force Survey 노동 인구 조사
NAFTA	North America Free Trade Agreement 북미 자유 무역 협정
NGO	Non-Government Organization 비정부 기구
NIC	Newly industrializing country 신흥 공업국
OECD	Organization for Economic Cooperation and Development 경제 협력 개발 기구
PRD	Pearl River Delta, China 중국의 주강 삼각주 珠江三角洲
SDGs	Sustainable Development Goals 지속 가능한 개발 목표
UK	United Kingdom 영국
UN	United Nations 유엔
UNDESA	United Nations Department of Economic and Social Affairs 유엔 경제사회부
UNDP	United Nations Development Program 유엔 개발 계획
UNHCR	United Nations High Commission for Refugees 유엔 난민 고등 판무관
USA	United States of America 미국

이 책의 주제는 국제 이주이다. 국가 간 불균등한 발전에 따른 경제적 격차와 사회적 불평등의 심화는 국제 이주를 일으켰고 많은 문제를 낳았다. 국제 이주는 전 세계의 정치, 경제, 사회적 네트워크를 변화시키고 있다. 오늘날 약 2억 4,400만 명의 이주자들이 자신의 출생지를 떠나 다른 나라에 거주하고 있다. 따라서 국제 이주가 국내뿐만 아니라 국제적인 문제의 중요한 원인임을 아는 것이 중요해졌다.

국제 이주에서 노동력을 송출하기만 하던 한국이 역으로 이주자를 수용하는 이주 목적국이 된 때는 1988년 서울올림픽 이후이다. 국내적으로는 저임금에 의존하는 중소기업이 노동력 확보에 어려움을 겪고 있었고, 농어촌을 비롯한 도시 저소득층 남성 중 결혼하지 못하는 사람들이 늘어나던 시기였다. 외부적으로는 아시아권 국가들의 국제 이주 유형에 변화가 일어나고 있었다. 걸프전쟁으로 귀환한 노동자들이 새로운 이주 목적국을 찾아야 했고, 1990년대 중반 이후에는 이주의 여성화가 진전되면서 한국으로 이주하는 노동자와 결혼이주자들이 늘어났다. 이러한 노동 이주자와 결혼 이주자의 증가는 한국 사회에도 다양한 이주자 공동체를 형성시켰다. 안산의 '국경없는마을'이나 구로의 조선족 마을, 그리고 공단 지역의 이주 노동자 집단 거주 지역뿐만 아니라 서울의 프랑스 마을이나 일본인 마을과 같은 외국인 집단 거주 지역도 계속해서 늘어나고 있다.

국제 이주로 인해 한국 사회도 변화하였다. 단일 민족에서 다민족으로 사회 구성원이 다양해졌으며, 해외로 이주한 한민족 디아스포라의 규모가 급증하였다. 이러한 변화로 한국 사회에 제기되는 중요한 의제는 순수 혈통과 단일 민족에 기초해 있는 한국인과 한민족의 정체성에 대한 재구성일 것이다. 국제 이주의 증가로 다른 국가의 국적을 취득한 수많은 재외동포와 그 후손들이 다른 국가의 국민으로 산다고 해서 그들의 민족 정체성이 바뀌는 것은 아니다. 타민족 출신 한국인과 국적이 다른 한민족의 규모가 늘어나는 현실은 이제 한국 사회의 문화적 전망과 한국인의 정체성을 새롭게 구성해야 함을 제시하고 있다. 이제는 국민으로서의 한국인과 한민족으로서의 한국인이 서로 다른 범주를 의미한다는 것을 이해하고 다민족 사회와 세계화 시대에 합당한 한국인 개념을 재구성해야 할 것이다.

한 사회 안에서 이주자를 통합시키는 것은 오늘날 지구촌 앞에 놓인 가장 시급한 문제이다. 이와 관련한 정치적 논평이나 언론, 그리고 일반 대중은 정보가 부족하고, 어쩌면 편협하거나 일방적인 국제 정보에만 관심을 갖고 있을 수 있다. 이 책의 저자 칼리드 코저는 최근 벌어지는 글로벌 이주, 특히 비호 신청자와 난민이 급증하는 원인과 과정에 대해 의미 있는 논의를 전개하고 대안을 제시하고 있다.

이 책은 2007년에 1판이 나온 이후 정책 결정자, 연구자 등 국제 이주와 관련한 많은 이들의 주목을 받았다. 이후로도 국제 이주를 둘러싼 큰 변화들이 있었고 이를 추가 반영한 2판이 2016년에 출간되었는데, 이번 책은 2판을 한국어로 번역한 것이다. 아무쪼록 이 책이 오늘날 한국에서도 외면할 수 없는 의제가 된 국제 이주와 다문화에 대한 이해와 해결책을 제시하는 데 도움이 되리라 기대한다.

끝으로 개인 능력의 부족으로 평사리 편집진을 비롯한 많은 분에게 신세를 졌다. 이 책이 나오는 데 도움을 주신 많은 분께 다시 한번 감사의 말을 올리고 싶다.

2022년 11월
늦은 가을 날 문천지가 보이는 연구실에서
윤재운

1장

왜 이주가 중요한가?

이 책의 1판이 출간된 이후 국제 이주는 더욱 중요해졌다. 국제 이주자의 수는 20퍼센트가 늘었고, 비정규 이주자의 수는 이보다 더 클 것으로 추정된다. 난민의 수도 세계적으로 두 배나 늘었다. 현재 어느 시기보다 이주자들이 자신의 고국으로 많은 돈을 보내는데, 이 송금액이 개발은 물론 빈곤 완화에 상당히 기여한다고 유엔은 보고 있다. 정착한 나라에서 이주자들이 부를 완전히 새롭게 일구는 사이, 이 나라의 사회 통합은 도전을 받았고 악화되기도 했다. 이주로 인해 인도주의적인 위기와 재앙이 증가하고, 외국인 혐오와 반이민 정서가 심각해졌으며, 수많은 나라에서 이주가 정치적인 문제로 떠올랐다. 최근 호주와 유럽의 이주가 특별히 주목을 받고 있지만, 이주는 여전히 글로벌한 현상이다.

2판에서는 새롭게 바꾼 게 많다. 이주에 대한 최신 데이터를 추가했고, 흥미롭고 새로운 연구를 살펴서 글을 더했다. 시사성 있는 최근 사례에 초점을 둔 연구도 다루었다. 아울러 글로벌 경제 위기, 아랍의 봄, 시리아 내전, 에볼라 위기, 이라크-레반트 이슬람국가ISIL(2014년 6월에 이슬람국가IS로 명칭을 변경하였다. ─ 옮긴이 주)의 등장과 같은 글로벌한 최신 사건들이 이주 패턴과 이주 과정에 어떠한 영향을 미치는지도 다루었다.

이 책의 세 가지 원칙은 여전하고, 지난 10년간 일어난 변화로 볼 때, 이 세 가지 기본 원칙과 이주와의 관련성은 더 깊어졌다. 무엇이 '이주'인가? 난민과 비호 신청자의 차이는 무엇인가? 이주자를 어떻게 계산하는가? 또 그곳에 얼마나 많은 이주자가 있는가? 이런 질문에 사용하는 정의와 개념을 명확히 하고, 분명한 근거를 제시함으로써 이주 논쟁을 제대로 알리는 게 그 첫 번째 기본 원칙이다.

둘째, 글로벌한 관점이 필수적이다. 세계 각처의 난민은 대다수가 더 가난한 국가들에 머물러 있다. 수많은 이주자들이 남반부 국가들 사이를 남에서 북으로 이동하고 있다. 유럽이나 호주 사람들은 현재 유럽과 호주가 아닌 다른 지역에서 이주의 유입과 도전이 좀 더 크고 심각하다는 사실을 놓치기 쉽다. 글로벌 미디어들은 이런 다수의 이주를 대체로 무시하기 때문이다.

셋째, 이주에 대한 균형적인 관점이 요구된다. 그동안 더 극단적으로, 더 엄격하게, 더 절대화해서 이주를 대해 왔다. 하지만 평범한 사례는 풍부하다. 이번 2판에서는 1판과 마찬가지로 객관적인 관점을 가지려 한다. 이주는 대체로 긍정적이지만 때로 부정적인 결과를 낳기도 한다. 특수한 환경에 놓인 이주자들은 그들이 잠재적으로 가진 것보다 더 자주 해를 끼칠 수 있다. 보통은 국가의 안보보다 이주자들의 생명과 권리가 더 위태롭지만, 언제나 그런 것만은 아니다.

국제 이주의 역사 요약

이주의 역사는 아프리카의 리프트 밸리Rift Valley(아시아 남서부 요단강 계곡에서 아프리카 동남부 모잠비크까지 이어지는 세계 최대의 지구대 — 옮긴이 주)에서 벌어졌던 인류의 기원에서 시작한다. 이곳에서 기원전 약 150만 년에서 기원전 5천 년 사이에 호모 에렉투스와 호모 사피엔스가 처음에는 유럽으로, 나중에는 다른 대륙으로 퍼져나갔다. 고대 그리스의 식민지 개척과 로마의 팽창은 이주에 기대었고, 유럽 외 지역에서의 주요한 이동은 메소포타미아, 잉카, 인더스, 주周 제국과 관련이 있었다. 인류의 초기 역사에서 바이킹 그리고 십자군 전쟁의 성지 순례가 또 다른 주요한 이주에 속한다.

이주사학자인 로빈 코헨Robin Cohen은, 주요한 이주 시리즈의 시기와 사건을 구별하였다. 18~19세기의 지배적인 이주 사건은 노예들의 강제 운송이었다. 1,200만 명으로 추정되는 사람들이 주로 서부 아프리카에서 신대륙으로 강제로 보내졌을 뿐 아니라, 그보다 약간 적은 수의 사람들이 인도양과 지중해를 건넜다. 이런 이주가 규모 외에도 중요한 이유는, 여전히 노예의 후손들임을 떠올리게 하는 데 있고, 이는 특히 아프리카계 미국인들에게서 잘 드러난다. 노예제의 붕괴 이후 상당수의 중국, 인도, 일본 출신 계약 노동자가 유럽 열강의 플랜테이션을 계속 가동시키기 위해서 이동했는데, 그중 인도 노동자만 해도 1,500만 명에 달했다.

또한 '유럽의 팽창'은 유럽에서 출발하여 특히 식민 정착지, 자치령, 아메리카로 간 자발적인 대규모 재정착과 관련이

깊다. 영국, 네덜란드, 스페인, 프랑스의 거대한 상업 세력들은 자국민 누구라도 해외에 정착시켰는데, 노동자 외에도 농민, 반체제 군인, 기결수, 고아의 해외 정착을 추진했다. 19세기 말 반식민 운동이 흥하면서 팽창 관련 이주는 끝이 났고, 소위 피에 누아르(알제리 출신 프랑스인 — 옮긴이 주)가 프랑스로 돌아온 것처럼, 정말로 이후 50년가량 유럽으로 돌아오는 이주의 역귀환 흐름이 상당했다.

이주의 다음 시기는 산업 세력으로서 미국의 발흥으로 특징지어진다. 아일랜드 기근을 피해 이주한 사람들을 빼더라도, 유럽의 북부, 남부, 동부 지역 중에 경제가 부진한 곳과 정치가 억압적인 곳 출신의 노동자들이 1850년대부터 1930년대 대공황 시기까지 미국으로 이주했다. 이들 1,200만 명의 이주자들은 이주 심사를 받으러 뉴욕항의 엘리스섬에 도착했다.

다음으로 주요한 이주 시기는 제2차 세계 대전 후로, 유럽이나 북미, 호주에서는 전후 경제 호황을 지탱해 줄 노동력이 필요했다. 이때 많은 튀르키예(터키의 새로 변경된 국호 — 옮긴이 주) 이주자들이 일하기 위해 독일과 프랑스령 북아프리카, 벨기에에 도착한 시기이기도 했다. 또한 대략 100만 명의 영국인들이 이른바 '10파운드 폼(호주에 이주해 온 영국인을 가리키는 말 — 옮긴이 주)'이 되어 호주로 이주한 시기이기도 했다. 같은 기간 탈식민화가 여전히 세계의 다른 지역 이주에 영향을 끼쳤는데, 1947년 인도 분할로 일어난 힌두인과 무슬림 수백만 명의 이동, 그리고 이스라엘의 건국 이후 유대인과 팔레스타인 수백만 명의 이동이 그것이다.

유럽에서 국제 노동 이주의 붐은 1970년대로 끝이 나지만, 미국에서는 1990년대 초반까지 계속되었다. 결정적으로 글로벌 경제를 이끄는 기관실은 아시아로 옮겨 갔고, 이곳에서의 노동 이주는 여전히 성장세였다. 이 책의 뒷부분에 나오지만, 지난 20년 동안 비호 신청자와 난민 그리고 비정규 이주자의 이동은 산업화된 곳이라면 어디에서나 그 중요성이 커졌음을 알 수 있다.

이렇듯 최근 역사에서 국제 이주를 불가피하게 선별적으로 개관한 목적은 이주가 새로운 현상이 아님을 지적하는 데 머물지 않고 더 나아간다. 이는 이 책 내내 반복할 이정표적인 주제이기도 하다. 국제 이주는, 즉 혁명, 전쟁, 제국의 흥망 같은 중요한 글로벌한 사건과 관련이 있다. 또한 경제적인 팽창, 국가 건설, 정치적인 변동 같은 중요한 변화와도 관런되고 갈등, 박해, 강탈 같은 중요한 문제와도 연관된다. 이처럼 이주는 유사 이래 오늘날까지 중요하다.

국제 이주의 규모와 역동성

유엔은 국제 이주자를 늘 거주해 온 국가의 밖에서 최소 일 년 이상 머무른 사람으로 정의한다. 이 정의에 따라, 유엔은 2013년 세계적으로 대략 2억 3,200만 명의 국제 이주자가 있다고 추산했다. 이 수치는 지구에서 네 번째로 인구가 많은 인도네시아의 인구와 비슷하다. 오늘날 전 세계 인구 35명 중 1명은 국제 이주자이다. 이를 다르게 표현하면, 오늘날 세계 인구의 약 3퍼센트가 국제 이주자인 것이다. 이주는 이주한 사람들보다 훨씬 많은 사람들에게 영향을 미친다. 고국에서나 외국에서나 이주는 사회적, 경제적, 정치적으로 중요한 영향을 끼친다.

영향력이 큰 책인 『이주의 시대The Age of Migration』의 저자인 스티븐 카슬Stephen Castle과 하인 드 하스Hein de Haas, 마크 J. 밀러Mark J. Miler는 이주의 영향에 대해 다음과 같이 말했다.

오늘날 산업화한 국가나 개발도상국에서 개인적으로 이주와 그 영향에 대한 경험이 없는 사람은 거의 없다. 이러한 흔한 경험은 이주 시대의 능력보증서와 같다.

1990년부터 2013년까지 세계적으로 국제 이주자는 7,700만 명이 늘었는데, 그 기간 동안 50퍼센트나 증가하였다. 2013년 기준으로 선진국에 1억 3,500만 명, 개발도상국에 9,500만 명의 이주자가 살고 있다. 유럽에 약 7,200만, 아시아에 7,000만, 북아메리카에 5,300만, 아프리카에 1,800만, 그리고 라틴 아메리카와 호주에 800만 명의 이주자가 있다. 미국에는 2000년 기준 세계 이주자들의 20퍼센트인 4,600만 명의 이주자가 살고 있다. 러시아 연방은 대략 1,100만 명의 이주자가 있는 두 번째로 중요한 이주 수용국이며, 그다음은 독일, 사우디아라비아, 아랍 에미리트, 영국으로 각기 800~1,000만 명의 이주자가 살고 있다.

이주자들이 어느 나라에서 왔는지를 밝히기는 훨씬 더 어렵다. 출신 국가들이 대체로 얼마나 많은 국민이 해외에 나가 살고 있는지 계산하지 않기 때문이다. 그럼에도 적어도 3,500만 명의 중국인, 2,000만 명의 인도인, 그리고 800만

미국 샌디에이고의 국경으로 들어오는 멕시코 차량들. 미국-멕시코 국경은 매년 3억 5,000만 명이 오가는 곳으로, 세계에서 가장 붐비는 곳이다. (출처: 미국 관세 국경 보호청)

의 필리핀인이 해외에 거주하는 것으로 추정된다.

이러한 사실과 수치는 충격적인 메시지를 전달한다. 즉, 오늘날 국제 이주가 세계의 모든 지역에 영향을 미친다는 점이다. 3장에서 설명하겠지만, 글로벌 이주는 전체적으로 볼 때, '남쪽'에서 '북쪽'으로 이동하는 비율이 늘고 있다. 거기에는 사람들이 가난한 나라에서 부자 나라로 떠나야 하는 강력

지중해를 건너는 선상 난민.

한 이유가 있다. 동시에 여전히 지역 내에서 발생하는 이동을 무시하지 않는 것도 중요하다. 2013년에는 대부분의 이주가 주요 지역 간이 아닌 지역 내부에서 발생했다. 아프리카에 살고 있는 국제 이주자의 82퍼센트와, 아시아에 살고 있는 국제 이주자의 76퍼센트는 그 지역에서 태어났다. 6장에서 설명하겠지만, 선진국보다 개발도상국에 훨씬 많은 난민이 있다. 마찬가지로 유럽 밖에서보다 더 많은 유럽인이 매년 영국에 들어오고 있으며, 이러한 유럽인은 해외에서 일정 기간 활동하고 귀환한 영국 시민들이다.

국제 이주는 규모와 지리적 변화 외에도 초기의 이주 패턴과 이주 과정을 크게 벗어나는, 적어도 세 가지 추세가 나타나고 있다. 첫째, 이주자 중 여성의 비율이 급속하게 늘고 있다. 2013년에는 세계 이주자의 거의 절반이 여성이었다. 전통적으로는 여성이 배우자를 따라 해외로 갔지만, 오늘날은 개별적으로 이주하는 비율이 늘어나고 있다. 그들은 남겨진 가족의 생계를 주로 책임진다.

세계 이주에서 여성 비중이 늘어난 데에는 몇 가지 이유가 있다. 하나는 특히 선진국에서 외국인 노동자에 대한 수요가 서비스, 보건, 오락과 같은 전적으로 여성들로 채워진 직업을 선호하는 젠더 선택이 늘고 있다는 점이다. 둘째는 이주민에게 가족 재결합권을 확대하는 국가들이 늘고 있는 점인데, 다른 말로 이주자들이 배우자, 아이들과 결합하는 걸 허용한다는 것이다. 이러한 배우자의 대다수가 여성이다. 이는 일부 출신국 내 젠더 관계의 변화로 여성이 전보다 더 독자적으로 이주한다는 걸 의미하기도 한다. 마지막으로 특히 아시아에서 여성의 가사 노동 이주(종종 '가정부 무역'이라 불린다.), 조직화된 결혼 이주(종종 '우편 주문 신부'로 표현된다.), 섹스 산업을 위한 여성 매매가 성장하고 있다는 점이다.

다른 추세는 출신국, 경유국, 목적국에 대한 전통적인 구별이 흐려진다는 점이다. 오늘날 세계 거의 모든 나라는 이주자의 떠남, 경유, 향함이라는 세 가지 역할을 동시에 하고 있다. 아마도 지중해만큼 이러한 역동적인 모습을 보여 주는 지역은 없을 것이다. 대략 50년 전, 북아프리카와 남부 유럽의 나라들은 주로 북유럽에 일하러 가는 이주자들의 출신 국가였다. 대략 20년 전부터 남부 유럽은 이주를 떠나는 지역에서 이주를 오는 지역으로 변했는데, 경제가 성장하는 이곳으로 일하러 온 북아프리카 사람들이 늘어났고, 동시에 남부 유럽 사람들은 더 이상 북쪽으로 일하러 갈 동기가 사라져 버렸다. 적어도 아랍의 봄 이전까지는, 북아프리카는 사하라 사막 이남 출신 이주자들이 늘면서, 출발지였다가 경유지나 목적지로 변하기 시작했다. 많은 사람이 오랜 기간 경유지에 머물러 있지만 대다수는 지중해를 건너고자 했다. 대체로 그렇게 유럽으로 들어간 사람들은 허가 없이 들어갔다. 지금 북아프리카인들은 북아프리카를 떠돌며, 북아프리카를 동시에 이주의 출발지, 경유지, 목적지로 만들고 있다.

마지막으로, 지난 수 세기 동안 일어난 주요한 이동 대부분은 영구적이었지만, 오늘날에는 임시 이주가 훨씬 중요해졌다. 외국에서 인생의 대부분을 산 사람조차도 태어난 곳으로 돌아갈 꿈을 꾸며, 이제는 한 나라에서 다른 나라로 이주해서 여생을 이주지에서 보내는 사람들이 상대적으로 드물어졌기 때문이다. 또한 이주했다가 고국으로 귀환하는 전통적인 패턴은 단계적으로 줄어드는 걸로 보인다. 생애 동안 몇 차례에 걸쳐 세계의 다른 나라들이나 지역들로 이주하고, 사이사이에 고향으로 돌아오는 사람들이 늘고 있다. 장기간 멀리 떠나 있던 사람들도 국제 여행이 싸지고 쉬워짐에 따라 더 빈번하게 고국으로 돌아온다.

국제 이주의 기회

이주는 인류사의 특징으로 인류에게 끊임없이 영향을 끼쳐왔다. 이주는 세계 경제의 성장을 뒷받침했고, 국가와 사회 발전에 이바지했으며, 문화와 문명을 풍요롭게 했다. 이주자들은 사회 구성원 가운데 가장 역동적이며 기업가처럼 진취적인 사람들이고, 자신과 자식들을 위해, 새로운 기회를 위해 고국을 떠나는 위험을 감수한 사람들이었다. 예컨대 미국 경제 성장의 역사는 많은 점에서 이주의 역사라고 할 수 있다. 앤드류 카네기Andrew Carnegie(강철), 아돌프 부쉬Adolf Busch(맥주), 사무엘 골드윈Samuel Goldwyn(영화), 헬레나 루빈스타인Helena Rubinstein(화장품)은 모두 이주자들이다. 코닥, 애틀랜틱 레코드, RCA, NBC, 구글, 인텔, 핫메일, 마이크로소프트, 야후, 이베이는 이주자들에 의해 설립되었거나 공동 창업되었다.

가끔 인정받지 못하지만, 현대 세계에서 국제 이주는 국가적, 지역적, 글로벌한 사건들에서 중요한 역할을 하고 있다. 이주자들이 고국에 보내는 돈은 많은 개발도상국에게는 부자 나라들이 제공하는 공식적인 원조보다 더 중요한 수입 원천이다. 어떤 선진국은 경제의 전 분야와 공공 서비스에서 이주 노동자들에게 크게 의존하고 있다. 세계은행에서 추정하기로는 세계의 이주 노동자들은 미국 달러로 20조를 벌어들이는데, 그 대다수를 자신들이 일하는 나라에 투자한다. 2000년과 2011년 사이 영국에 있는 유럽 이주자들이 200억 파운드 이상을 공공 재정에 보탰음을 최근 연구에서 확인할 수 있다.

이주자와 이주는 단지 경제 성장에만 이바지하는 것은 아니다. 사실 그들의 영향은 아마도 사회 문화적인 삶에서 가장 밀접하게 느껴질 것이다. 다른 언어로 말하고, 다른 관습과 다른 종교와 다른 삶의 방식을 가진, 출신국이 다른 사람들이 전 세계를 통틀어 전례를 찾을 수 없을 정도로 제각각 접촉해 왔다. 그들이 인정하건 말건, 오늘날 사회는 적어도 다양성의 정도로 규정할 수 있다. 당신은 지난 24시간 동안에 틀림없이 세계 여러 곳에서 유래한 음식을 먹거나, 세계 여러 곳의 음악을 듣거나, 외국인 선수가 포함된 일류 스포츠 팀을 보았을 것이다. 이주자들이 모인 가장 커다란 결집이 홍콩이나 런던, 뉴욕과 같은 '글로벌한 도시'에서 발견되는 게 우연은 아니다. 역동적이고 창조적이며 고도로 세계화된 도시의 중심에서 세계 다른 지역의 사람, 장소, 문화 들이 서로 이어지며 확장하고 있다.

국제 이주의 도전들

이와 동시에 오늘날 국제 이주가 심각한 도전들을 양산하고 있음을 부정하는 것은 순진한 일일 것이다. 이주와 안보의 관계가 자주 거론되곤 하는데, 특히나 9.11 사건 이후 국제 이주와 테러리즘 간에 밀접한 관련성이 있다는 인식이 있어 왔다. 최근 이런 인식은 일부 이주자들이 과격해지는 것과 '외국계 테러리스트 전사들'이라는 새로운 현상과 결부되었다. 정치인이나 대중은 늘어나는 비정규 이주가 종종 국가 주권과 공공 안보에 위협이 된다고 여긴다. 이주 목적국의 수용 사회는 이주 커뮤니티의 존재를 점점 더 두려워하는데, 이주 커뮤니티가 특히 극단주의나 폭력과 관련된, 세계 각처의 낯선 문화를 지니고 있다고 보기 때문이다. 이러한 문제들은 가볍게 볼 수 없는 합법적인 관심사여서 책의 2~8장에서 깊게 다루었다.

동시에 이주자들이 정착한 목적지의 국가와 사회에서는 이주로 벌어진 도전들에는 무척 많은 관심을 쏟지만, 이주자 그 자신과 그의 가족, 그가 떠나온 사람들과 사회에 대해서는 충분한 관심을 기울이지 않고 있다.

우선 많은 이주자가 어쩔 수 없어서 그들의 고국을 등졌음을 기억할 필요가 있다. 오늘날 전 세계에는 약 2,000만 명의 난민이 있는데, 그들은 학대나 죽음에 대한 공포로 고향을 떠나야만 했다. 일단 여행이 시작되면 많은 이주자(난민만이 아니라)가 길에서 사라진다. 2015년에 수천 명이 지중해를 건너려다 사망했다. 더욱이 목적지에 도착한 이주자 중 일부는 자신이 착취당했거나 인권을 유린당했음을 알게 된다. 사실상 섹스 산업의 노예가 될 인신매매의 희생자들이 가장 비극적이다. 가사 노동자들 또한 고용주에 의한 학대와 폭력에 시달린다. 많은 이주자와 그 아이들은 해외에 정착한 지 수년이 지나도 여전히 차별과 편견을 당한다. 이렇듯 이주가 목적지 사회에 제기하는 도전들과 마찬가지로 이주자 자신에게도 부정적인 결과를 낳기도 한다.

이주는 또한 이주자가 떠나온 사회에도 영향을 크게 미칠수 있다. 4장에서 설명하듯, 고국에서 공급이 부족한 기술을 이주자가 가진 경우가 특히 그렇다. 의료 영역에서 이른바 '두뇌 유출'이 낳은 영향이 심각하고, 교육 분야에서도 마찬가지이다. 이주로 인하여 가난한 나라들의 필수 서비스 제공 능력이 감소되었고, 이는 출신국에서 이 사람들의 교육과 훈련에 들였던 공공투자가 사실상 손실임을 의미한다.

국제 이주에 대한 매우 짧은 소개

이 장에서 개략해 잡은 이유들만으로도, 국제 이주는 많은 나라에서 첫째가는 정치적 의제로 삼을 만하고, 미디어 보도로도 상당히 매력적이며, 공익을 위한 공통의 화젯거리가 될 만하다. 그러나 이주를 다룬 논쟁은 어느 것 하나 만족스럽지 않고 개념도 불명확하다. 때때로 통계들은 정보 제공이라기보다 경고한다는 차원에서 인용되고 있고, 단지 일부분의 그림만을 제공한다. 대체로 실제 이주의 다양함과 복잡함은 무시되고 있다.

이 책을 쓴 의도는, 이와 같은 배경에 맞서서 독자들이 오늘날의 주요한 이주 이슈를 이해하는 데, 그리고 바라건대 이성적인 논쟁을 하는 데 필요한 설명, 분석, 자료를 제공하고자 함이다. 20년 동안 이주와 관련한 주제를 가르치고 연구해 왔기에 나만의 관점과 주장이 있다. 이러한 것들을 배경으로 삼아 오늘날 이주를 둘러싼 논쟁의 전체상을 이 책에서 보여 주고자 노력했다. 마찬가지로 이 책은 이주 정책에 주안점을 두지는 않았으나, 정책적 함의가 담긴 몇 가지 의미 있는 논평은 담았다.

매우 폭넓은 분야의 연구, 저작 그리고 정치적 주장을 이 짧은 책에 압축해 담으려다 보니 어쩔 수 없이 선택할 수밖에 없었다. 나와 다르게 선택한 또 다른 작가들 역시 이런 도전에 부딪힐 것이다. 책의 제목이 말해 주듯 국경을 넘는 이주에 초점을 두고 우선하여 강조할 만한 가치를 담았다. 그 주요한 이유는 국제 이주가 국내 이주보다 수적으로 많은 연구와 저작을 남겼고, 보다 크게 정치와 언론의 관심과 대중적인 논쟁을 불러일으키기 때문이다. 동시에 국제 이주보다 훨씬 많은 국내 이주가 진행되었음도 인정해야 할 것이다.

　나는 이 책에 내 연구에서 취했던 '실제의' 사례를 담으려 노력했다. 이것은 이주자 자신의 경험이라는 관점을 얻으려는 하나의 방법이었다. 또한 나 자신의 제한된 지식을 보완하기 위해, 이 분야 학자들이 출판한 연구 결과물도 언급했다. 이 책은 예컨대 세계의 주요 지역에서 벌어지는 이주를 장으로 엮기보다는 오늘날 국제 이주와 관련된 가장 화젯거리이고 실제적인 이슈들을 살필 수 있게 구성했다. 이 이슈를 다루는 범위는 필연적으로 간결한데, 책의 마지막에서 독자들이 좀 더 상세한 정보와 분석을 얻을 수 있도록 별도의 자료들을 언급했다.

2장

누가 이주자인가?

'누가 이주자인가?'에 대한 답은 겉보기에는 간단하다. 대다수 나라들은 모국 밖에서 일 년이나 그 이상 살고 있는 사람을 이주자로 보는 유엔의 정의를 채택해 왔다. 하지만 실제로 답은 다음의 이유로 조금 복잡하다. 첫째, '이주' 개념은 다양한 상황들에 처한, 다양한 사람들을 폭넓게 포괄해야 한다. 둘째, 이주자의 수를 계산한다거나 얼마나 오랫동안 외국에 머물렀는지를 알아내기는 어렵다. 셋째, 어떤 사람이 언제 이주민이 되는지를 정의하는 것만큼 언제 이주민이기를 멈추는지를 정의하는 것도 중요하다. 이주민이기를 멈추는 방법은 고국에 돌아가는 것이며, 다른 방법은 새로운 나라의 시민이 되는 것이어서, 그 전환을 관리하는 과정은 상당히 다양하다. 마지막으로 세계화의 결과로, 초국적 커뮤니티나 디아스포라를 구성하는 새로운 특성을 가진 새로운 '유형의' 이주자들이 있다.

이주의 분류

국제 이주자를 분류하는 방식은 보통 세 가지이다. 우선 일반적인 차이는 '자발적인' 이주자냐, '강제에 의한' 이주자냐이다. 후자는 갈등, 학대 그리고 가뭄이나 기근 같은 환경적인 이유로 모국에서 강제로 떠나야 했던 사람들을 일컫는다. 이 사람들은 보통 난민으로 묘사되는데, 6장에서 보듯 난민이란 용어에는 사실 매우 특화된 의미가 있으며, 강제 이주자라고 해서 모두 난민에 포함되는 것은 아니다.

관련된 두 번째 구별은 정치적인 이유로 이동한 사람과 경제적인 이유로 이동한 사람이다. 전자는 일반적으로 난민을 말한다. 그들은 정치적인 차별이나 갈등으로부터 떠나기를 강요당한 사람들이다. 후자는 일반적으로 노동 이주자로 정의되는데, 다른 말로 일자리를 찾아 이동한 사람이거나 좀 더 나은 직업의 기회나 노동 환경을 찾아 이동한 사람을 일

Box 1_ 고숙련 이주자

경제적 이유로 이동한 사람들의 비율이 크게 증가해 왔는데, 요즘은 이들을 고숙련 이주자로 분류한다. 지원자의 교육과 자질 정도를 점수화하고, 이 점수에 따라 비자를 할당하는 '선택적 비자 시스템'이 갖추어지면서 고숙련 이주자의 이동은 더 편리해졌다. 주재원 비자 inter-corporate transfer(ICTs) 소지자는 고숙련 이주자의 특수한 유형으로, 한 나라에서 다른 나라로 국제적으로 이동하지만, 소속 회사가 한 곳인 사람을 말한다. 전 세계적으로 학생들의 국제 이동 역시 중요한데, 학생들도 고숙련 이주자의 범주에 속한다. 혁신적이고, 전문적인 지식을 갖춘 고숙련 노동자들은 그 수가 한정적이어서, '얼마나 이들을 확보하고 있는가'에 따라 국가의 경제 성장이 달라진다. 이 때문에 고숙련 노동자의 공급량을 확보하려는 국가 간 경쟁이 치열하게 벌어지고 있다.

컫는다. 결국 그들은 저숙련이나 고숙련 이주자로 분류된다 (Box 1 참조). 경제적 이주와 정치적 이주 사이 어딘가에서 사회적 이유로 여길 만한 동기로 이동한 사람도 있다. 이런 사람의 대다수는 일자리를 찾아 외국으로 간 남편을 따라 이동한 여성과 아이들로, 이 과정을 거쳐 가족이 재결합한다. 거기에는 사랑이나 결혼을 위해 이동한 사람들처럼 사회적 이주의 다른 사례도 있다.

마지막으로 이주자를 언급할 때 합법과 '불법' 이주자로 구별하는 것인데, '비정규'라는 용어(5장 참조)가 '불법'보다 더 정확하고 비판을 덜 받는다. '비정규' 개념은 서류가 없거나 위조된 서류를 가지고 입국한 이주자, 혹은 입국은 합법이지만 비자나 노동허가증이 만료되었는데도 체류 중인 이주자를 말하는데, 그 분류의 폭이 넓다. 전 세계의 비정규 이주자를 정확하게 계산하는 것은 불가능하지만, 비정규 이주자보다는 합법적인 이주자가 훨씬 많다는 것은 확실하다.

분류는 항상 현실을 단순화하는 게 문제인데, 이주를 아무리 정확하고 엄밀하게 분류한다고 해도 세 가지 진실은 남는다. 첫째, 서로 다른 분류 간에 겹치는 게 있다. 가장 자발적인 이주자가 동시에 경제적 이주자이며, 강제 이주자가 동시에 정치적 이주자이거나 난민이다.

두 번째, 각 분류를 구분하는 차이로 이주자를 예리하게 나누지만, 이 차이가 종종 현실을 더 모호하게 한다. 순수하게 자발적인 이주나, 순수하게 비자발적인 이주는 극히 드물다. 예를 들자면, 거대 기업들은 자신의 직원이 국제적으로 흩어져 있는 사무실들 간에 이동하는 것을 훈련의 한 과정으로 삼고 있다. 고용된 직원들이야 분명하게 자발적으로 이동한다고 하지만, 기업 내에서 해고되지 않으려면 이 직원들에게 다른 선택의 여지는 없어 보인다. 이주 스펙트럼의 다른 쪽 끝에서도 분류의 모호함을 찾아볼 수 있는데, 심지어 자기 나라를 강제적으로 떠날 수밖에 없는 난민들조차도 다른 선택지가 있다. 그들은 남아서 위험을 감수하거나, 이웃 마을이나 도시로 가거나, 분쟁에 가담할 수도 있다.

동일한 모호함이 경제와 정치적 이주자 사이의 구별에도 적용된다. 직업을 잃어 고국을 떠난 어떤 사람을 생각해 보자. 겉으로 보면 그들은 경제적 이유로 이동한 것처럼 보인다. 하지만 인종이나 종교, 성 때문에 그들이 직업을 잃었다면 어찌할 것인가? 그렇다면 그들은 정치적인 이유로도 떠났다고 할 수 있다. 여기에서 분석상 이주하게 된 '근본 원인'과 '촉진 요인'을 구별해야 하는 도전이 생긴다.

셋째로, 분류 기준들이 다양한 만큼 개인들은 이주의 한 분류 형태에서 다른 분류 형태로 사실상 '변신'할 수 있다는 점이다. 합법 이주자가 자신의 노동허가증이 인정한 기간보다 오래 머무르게 되면 비정규 이주자로 분류된다. 또 한 개인이 모국을 자발적으로 떠났지만 전쟁의 발발이나 정부의 교체로 인해 돌아갈 수 없게 된다면, 실제로 비자발적인 이주자가 되고 모국을 떠나 해외에 머무를 수밖에 없게 된다.

통계가 의미하는 것은 무엇인가?

'누가 이주자인가?'에 답하기 어려운 또 다른 이유는 이주자의 수를 계산하기가 어렵기 때문이다. 영국의 사례를 초점으로 하여 몇 개의 문단에 걸쳐서 이를 살피고, 이주자의 수를 계산하는 색다른 방식이 다른 나라들에 있음을 알아보자.

영국에서 이주 통계를 작성하는 세 가지의 매우 중요한 관찰이 있다. 첫째로 공식적인 이주 통계가 있음에도 영국에서 벌어진 국제 이주를 정확하게 그릴 수 없다. 이를 좀 더 직설적으로 표현하면, 정부조차도 매년 얼마나 많은 사람이 입국하거나 출국하는지를 명확하게 밝힐 수가 없다. 가장 분명한 이유는 공식적인 이주 통계에서 비정규 이주자들을 포함하지 않는다는 점이다. 영국에서 비정규 이주자들에 대한 통계는 추측에 불과하다. 5장에서 비정규 이주자들에 대한 통계를 좀 더 자세히 살펴보겠다.

둘째, 정부가 기록하는 이주에 대한 통계를 둘러싸고 중요한 의구심이 있다. 영국에 출입국한 이주를 다룬 대다수 출판된 통계는 국제 승객 조사International Passenger Survey(IPS)에 근거한다. 이것은 항구와 공항에서 얻은 작은 설문 표본에 불과하다. 승객들은 영국 체류의 의도(만일 출국한다면 해외 체류의 의도)에 대해 조사받는다. 영국에서는 1년이나 그 이상 체류하거나 출국하려는 사람들을 이주자로 분류하여 계산한다. 한 가지 문제는 조사 범위인데, 대상 인원 중에서 매우 적은 해당자만을 조사하고 그 결과를 확대해 버린다. 다른 문제는 사람들의 의도가 종종 바뀐다는 것인데, 그들이 조사에서 답한 대로 의도한 기간만큼 국내 또는 해외에 체류하기도 하지만, 의도한 기간과는 전혀 다르게 체류할 수도 있기 때문이다. 그러한 문제들을 계산하려면 국제 승객 조사의 수를 조정해야 한다.

영국으로의 이주 흐름에 관한 데이터의 주요 출처로는 두 가지가 있다. 노동허가증은 노동자들의 입국을 측정하는데, 유럽 경제 지역European Economic Area(EEA) 밖에서 오는 경우만 조사된다. 왜냐하면 노동허가증은 유럽 경제 지역 회원국의 시민들에게는 필요하지 않기 때문이다. 비호 통계는 얼마나 많은 사람이 영국에서 보호받기를 신청하는가를 보여 주지만, 종종 그들의 부양가족(배우자와 아이들)이 포함되거나 포함되어 있지 않아서, 그 통계를 해석하는 데 심대한 주의가 필요하다. 영국에 입국하는 이주자들의 수에 관한 또 다른 지표는 노동 인구 조사Labour Force Survey(LFS)인데, 1년 전에는 국적과 주소만 기록하다가 다시 가구의 표본에만 근거하고 있다. 1년 전에는 국가 인구 조사도 주소를 기록했지만, 지금은 국적을 기록하지 않으며 그마저도 10년에 한 번만 시행한다.

이런 유형의 문제들이 작은 섬나라이지만 가장 선진적인 경제를 갖춘 영국에서 나타난다면, 다른 나라에서 이주자의 수를 계산하는 게 얼마나 어려운지 짐작할 수 있다. 자신들의 국경을 감시할 필수 기술이나 전문가 또는 능력을 갖추지 못한 가난한 나라들이나, 육상 국경이 긴 나라나, 갑작스러운 대규모 이동이 월경으로 벌어지는 장소에서는 특히 그렇다.

귀환 이주

고국으로의 귀환은 이주자임을 멈추는 한 가지 방식인데, 고국으로 귀환한 이후로도 사람들은 해외에서 개발한 새로운 업무와 신분적 요인들을 유지하기도 한다. 다수의 전문가가 상당한 숫자라고 믿고 있지만, 귀환 이주의 규모를 다룬 글로벌한 추산은 없다.

귀환 이주에 대한 자료는 국제 이주에 대한 자료가 안고 있는 많은 문제점을 좀 더 일반화시켜 공유한다. 귀환 이주의 측정은 전통적으로 출신국이나 수용국 입장에서 볼 때 우선순위가 아니었는데, 이는 어느 나라도 자기 나라 국적자의 국외 이주와 비국적자의 국내 이주에 똑같은 방식을 취했다는 문제점을 고려하지 않기 때문이다. 똑같은 귀환 흐름을 수용국과 출신국 모두 기록했지만, 그들의 추산에는 중요한 차이점이 있다. 귀환 이주와 관련해서 획기적이었던 러셀 킹 Russell King의 논문에 좋은 사례가 인용되었는데, 1970년대 이탈리아인의 본국 송환을 다룬 독일 측 자료의 숫자가 적어도 두 요인에서 독일에서 귀환 이주한 이탈리아인에 대한 이탈리아 측 통계의 숫자보다 많았다. 이런 불일치의 원인을 폴란드의 최신 사례를 통해 부분적이나마 알 수 있다. 폴란드에서는 1990년대에 귀환 이주가 상당히 이루어졌지만 공식통계에 잡히지 않았는데, 이유는 1980년대 다수의 폴란드인이 국외 이주자로 등록 없이 떠났기 때문이다. 마찬가지로 튀르키예는 국외 이주나 귀환 이주 노동자의 자료를 기록하는 기구가 없으며, 수용국들에서 모은 자료만을 토대로 귀환을 추산할 뿐이다.

이주자에서 시민으로

이주를 끝내는 다른 방식은 이주한 나라에서 새롭게 시민이 되는 것이다. 일부 나라에서 시민이 되는 것은 상대적으로 쉽고 빠른 과정이지만, 그 외 나라들에서 시민이 되는 것은 선택된 소수만이 실제로 가능할 뿐이다. 이는 이주자의 자기 특성보다는 개입된 나라의 역사, 이데올로기, 구조가 다양하게 작동되고 있음을 알 수 있다.

시민권과 국적에 관한 법률은 서로 배치되는 두 가지 원칙에서 파생한다. 하나는 혈통주의jus sanguinis인데, 시민이 되기 위해서는 그 나라의 국민 한 사람의 후손이어야 한다는 게 필수이다. 다른 하나는 출생지주의jus soli로, 그 나라의 영토 안에서 태어난 걸 근거로 삼는다.

실제로 모든 근대 국가들은 혈통주의나 출생지주의 어느 하나가 우세하더라도 두 원칙의 절충에 근거한 시민권 규칙(이스라엘은 예외)을 가지고 있다. 예컨대 독일은 2000년에 정

주요 국가의 시민권 규칙

국가	시민권 기본 원칙	귀화를 위한 거주 기간	이중 국적 허용 여부
호주	절충	3년	허용
오스트리아	혈통주의	10년	금지
벨기에	절충	5년	허용
캐나다	출생지주의	3년	허용
프랑스	혈통주의	5년	허용
독일	혈통주의(2000년까지)	8년	금지
이스라엘	유대인에게는 개방	0	허용
네덜란드	혈통주의	5년	허용
스웨덴	혈통주의	5년	금지
영국	절충	5년	허용
미국	출생지주의	5년	허용

책이 바뀔 때까지 혈통주의를 따랐다. 이는 튀르키예 출신 전후 이주자들이 낳은 아이와 손자가 독일에서 태어나고 자랐다고 해도 전통적으로 독일 시민권에서 배제되었음을 설명한다. 마찬가지로 독일의 재통일 기간에 주로 동유럽이나 구소련에서 여러 세대를 살았던 독일 바깥의 가족들은 자동으로 독일 시민권을 받았음도 설명한다. 반대로 호주, 캐나다, 영국, 미국은 출생지주의를 따르고 있어서, 그 나라에 합법적으로 온 이주자에게서 태어난 아이는 누구라도 시민권

을 받는다.

시민권 취득을 위한 기본 원칙이 어떠하든, 다수의 나라가 거주지주의ius domicili 원칙에 따라 일정 기간 합법적으로 거주한 뒤라면 이주자들의 귀화를 허락한다. 그 햇수는 호주와 캐나다의 3년부터 오스트리아와 독일의 10년까지 폭이 넓다.

시민권 취득을 다루는 규칙과 마찬가지로 시민권의 기준도 각 나라마다 다르다. 예컨대 일부 나라는 이중 국적을 허용하여 이주자들이 새로운 나라의 시민이 되기 위해 출신국의 국적을 포기하라고 요구하지 않지만, 다른 일부 나라에서는 포기를 요구한다. '이주자, 디아스포라, 그리고 초국적 커뮤니티' 단원에서 보듯, 일부 이주 커뮤니티 사이에서 이중이나 삼중 국적자의 성장은 초국적주의 등장의 한 이유이다.

게다가 일부 나라는 문화적 동화의 대가로 완전한 시민권을 부여하는데, 다른 나라들은 새로운 시민들이 자신들의 독특한 문화 정체성을 유지할 수 있게 한다. 이런 결과는 서로 경쟁하는 두 가지 통합 모델에서 비롯된다. 동화는 하나의 모델로, 이주자들이 그들의 독특한 언어, 문화, 사회적 특성을 포기하고 다수 인구와 구별이 없어지는 일방적인 과정이다. 프랑스가 대략 이 모델을 따른다. 이에 대한 주요 대안은 다문화주의이다. 즉, 다문화주의는 이주 인구가 언어, 문화, 사회적 행동에서 대다수 인구와 여전히 구별된 채로 민족 커뮤니티로 성장하는 것을 말한다. 호주, 캐나다, 네덜란드, 영국 그리고 미국 모두 이 다문화주의 모델의 변형을 따르고 있다.

물론 통합에 관한 법률과 정책 간에는 차이가 나고, 실질적인 사람들의 경험도 개입되어 있다. 통합은 이주자들이 개인이나 단체로, 사회 속에 수용되는 과정이라고 간단하게 정의할 수 있다. 국제 이주 위원회Global Commission on International Migration는 통합을, '사회의 구성원인 이주자와 비이주자 모두가 서로 존중하고 적응하여 상호 긍정적이며 평화적인 방법으로 헌신하는, 장기간에 걸친 다차원적인 과정'으로 간주한다.

이주자, 디아스포라, 그리고 초국적 커뮤니티

주장하건대, 누가 이주자이고 누가 아닌지를 공적 기구나 수용 사회에서 결정하는 방법만큼이나 이주자 자신의 정체성 역시 중요하다. 초국적주의와 디아스포라, 두 개념에 초점을 둔 글들이 최근 몇 년 동안 넘쳐나게 쏟아졌다. 두 개념은 복잡하고 이의 제기도 많아서, 여기서는 가능한 간단한 용어로 정의하고자 한다.

디아스포라라는 용어에는 고전적 함의가 담겨 있는데, 보통 기원후 70년의 제2 성전 파괴에 따른 유대인의 대탈출을 언급하는 데 사용되었다. 최근에 아프리카 노예, 그리고 오토만 제국 시기와 제1차 세계 대전 직후에 행해진 학살을 피해 달아났던 아르메니아인에게 적용하면서 되살아난 개념이다. 이러한 경험들에는 공통점이 있는데, 비자발적 이재 이주displacement로 고국에 돌아갈 수 없음과 함께 그래도 고국으로 돌아가고 싶은 커다란 욕구가 짝을 이루고 있다.

이런 특징들은 최근의 많은 이동에서 다양한 수준으로 확인되고 있고, 디아스포라 개념이 다시 유행하며 사용되고 있다(Box 2 참조). 가브리엘 세퍼Gabriel Sheffer의 『국제 정치학에서의 현대 디아스포라Modern Diasporas in International Politics』에 따르면, '현대 디아스포라들은 수용국에서 거주하거나 활동하지만 그들의 모국과 강한 정서적과 물적 연계를 유지하는, 이주자 출신들의 민족적 소수 집단들이다.'라고 밝히고 있다.

관련 개념으로 '초국적 커뮤니티'가 있다. 매우 간단한 용어로, 일부 이주자들이 나라와 나라의 '사이에' 살기 시작했

Box 2_ '새로운' 아프리카 디아스포라

디아스포라 개념을 관례적으로 받아들인 아프리카 노예들의 집단은 극소수에 불과했는데, 최근 자신과 자신의 조직을 이 개념으로 묘사하는 아프리카 이주자들이 많아진 것은 흥미롭다. 런던에 소재한 다양한 아프리카 커뮤니티들을 조사하면서, 내가 던진 질문 중 하나가 '그들이 왜 이 용어를 사용하는가'였다. 세 가지 이유가 나왔다. 하나는 '이주자', '난민', '비호 신청자'라는 용어보다 '디아스포라'라는 용어가 덜 부정적이라고 인식하는 커뮤니티가 있었다. 이는 유대인과 아프리카 노예들의 확산이 오랫동안 지속된 결과로 그 용어에 아직까지 경멸하는 태도가 느껴져서일 것이다. 둘째, 그 용어가 '자기 동기를 살린다'고 보는 커뮤니티가 있었다. 디아스포라가 세계화라기보다는 '유행어'로 쓰이며, 관련된 함의를 민감하게 받아들이는 커뮤니티가 있었다. 마지막으로 일부 커뮤니티에서는 적어도 그들의 경험을 오리지널 디아스포라들이 했던 경험과 비교하려는 감정이 있는데, 그들도 유대인과 아프리카 노예들처럼 스스로를 피해자라고 여겼다.

다는 개념이다. 그들은 국경을 초월하여 자기 출신국에 살고 있는 사람들이나 그 장소들과 사회적, 경제적, 정치적인 접촉을 지속적으로 유지한다. 주요한 이주 학자인 알레한드로 포르테스Alejandro Portes는 『국제 이주 검토International Migration Review』에서, 초국적 커뮤니티를 다음과 같이 서술했다.

경제 발전과 사회적 인정을 요구하는 이주자들이 정치적인 국경을 넘어 긴밀하게 짜인 네트워크를 창안해 냈다. 이 네트워크를 통해 이중생활이 가능해진 사람들이 늘었다. 참여자들은 종종 이중 언어를 구사하고, 문화와 문화 사이를 손쉽게 이동하며, 흔하게 양국에 각각 집을 가지고 있고, 그러면서 경제적, 정치적, 문화적 이해관계를 추구하는데, 이 이해관계로 양국은 그들의 존재를 필요로 한다.

은연중에 이 사람들은 이주자나 시민과 같은 정치적 정의로 한정되는 것을 피하려고 한다. 『아시아-태평양에서의 이주Migration in Asia-Pacific』에서 스티븐 캐슬레스Stephen Castles는 초국적주의의 시민권에 대하여 다음과 같이 암시하고 있다.

초국적주의는 불가피하게 민족주의자들이 가장 두려워하는 현상인 복수 시민권의 급속한 증가를 가져오고 있다. 초국적주의는 잠재적으로 충성을 다하는 사람들을 분열시켜서 감정적 사고방식의 국가 구성원이기보다는 도구적 사고방식의 국가 구성원을 지향하게 한다. 초국적주의의 성장은 결국 시민권이라는 아주 중요한 콘텐츠를 오랫동안 재검토하게 할 것이다.

3장

이주와 세계화

세계화의 개념은 복잡하고 논쟁적이다. 세계화 이론을 주도하고 있는 데이비드 헬드David Held는 그의 책『전지구적 변환 Global Transformations』에서 다음의 정의를 제시한다.

세계화는 사회적 관계와 교류의 공간적 편성에 어떤 변화를 구현하는 과정으로, 확장, 세기, 빠르기, 영향의 정도로 평가되며, 대륙이나 지역을 넘어서는 활동, 상호작용, 권력 행사의 흐름과 조직망을 생성시킨다.

이러한 과정들은 국경을 넘어서는 상품, 아이디어, 정보, 자본의 흐름을 가져왔고 많은 비평가들은 세계화로 국경을 넘는 사람들의 흐름이 증대되었다고 주장한다.

국제 이주는 세계화의 중요한 차원이며 글로벌한 경제적, 사회적 구조들의 변동 안에 놓여 있다. 글로벌한 취업난이 개발도상국의 전 분야에 영향을 끼치듯이, 개발, 인구, 민주주의의 격차는 이동할 강력한 동기를 제공한다. 부자 나라에서 일어난 노동시장의 세분화는 이주 노동자들의 수요를 키웠다. 통신 혁명으로 격차를 더 깊게 알게 되었고 미래에 이주자가 될 기회를 늘려 주었으며, 반면 운송이 탈바꿈되면서 더 값싸고 더 빠른 이동이 가능해졌다. 이주 네트워크들은 빠르게 확장했고 이주는 좀 더 쉬워졌다. 사람만 확실하다면, 새로운 개인의 권리와 자격을 허락받아서 좀 더 쉽게 국경을 넘고 해외에 체류할 수 있다. 아울러 공식적인 허가를 받지 못했어도 이주 산업의 성장으로 국제 이주는 탄력을 더 받았다. 요컨대 이 장에서는 왜 이전과 달리 이주의 사유들이 늘고 이주의 수단들이 추가되는지를 보여 주고자 한다.

격차의 심화

유엔 개발 계획United Nations Development Program(UNDP)에 의하면,

2013년 세계 인구의 15퍼센트인 22억 명이 가난하고, 세계 인구의 12퍼센트인 8억 4,200만 명이 만성적인 굶주림에 시달린다고 한다. 10억 명 이상이 안전한 물을 마실 수가 없고, 26억 명은 적절한 위생 시설이 설치되지 않은 곳에 살고 있다. 1억 1,500만 명의 아이들이 기본적인 초등교육을 받지 못하는데, 그들 대다수는 사하라 이남 아프리카와 남아시아에 살고 있다. 여성은 아프리카와 아랍 국가에서 남성보다 평균 1년 정도 교육을 적게 받고 있는 것으로 예상되며, 남아시아에서는 2년 정도 교육을 적게 받고 있는 것으로 보인다. 개발도상국 전체로 남성은 68퍼센트가 글을 읽고 쓸 줄 아는 반면, 여성은 58퍼센트만이 글을 읽고 쓸 줄 안다.

개발 여건의 부족은 인구 증가 압박과 함께 나타난다. 세계 인구의 약 80퍼센트인 50억 명이 현재 가난한 나라나 기껏해야 중간 정도의 수입인 나라들에서 살고 있다. 세계의 번영한 국가들이 인구 감소를 겪고 있음에도, 가난한 나라들에서는 인구가 급증하고 있으며, 현재 실질적인 세계 인구의 성장이 전적으로 개발도상국에서 일어나고 있다. 오늘날 아프리카 여성의 평균 자녀 수는 5.2명인데 반해, 유럽 여성의 평균 자녀 수는 1.4명이다. 아울러 개발도상국의 출산율이 높아서, 젊은 사람의 비율도 선진국보다 월등히 높다. 이러한 추세는 지구상의 거주자 중 개발도상국의 점유율이 훨씬 더 올라갈 것임을 말해 준다.

또한 가난한 나라 중 꽤 많은 수가 민주적 절차가 허술하고 법치주의가 취약하며 부정부패가 만연한 것은 우연이 아니다. 이주를 통해서 사람들은 취약한 경제와 불안정한 시장에 대응하고, 정치적 위기와 군사적 충돌 그리고 다른 위기들로부터 자신과 가족을 보호하고자 한다. 일부 사례에서처럼, 사람들은 갈등과 핍박에서 국가가 더 이상 그들을 지켜줄 수 없다면, 억지로라도 난민이 되어 달아나려고 한다. 최악의 사례에서처럼 이들의 위법 행위에 대한 책임은 국가 스스로 져야 한다.

이주가 반드시 저개발, 인구 과잉, 허술한 통치 구조 그 자체 때문만은 아니라서, 세계 다른 지역과의 격차를 강조하는 것은 중요하다. 가장 일반적으로 통용되는 수익에 대한 경제 지표인 국내 총생산GDP은 선진국이 개발도상국보다 66배가 높다. 오늘날 부르키나 파소(서아프리카 국가 — 옮긴이 주) 출생 아이는 일본 출생 아이보다 35년 짧게 살 것으로 예상되며, 인도 출생자는 미국 출생자보다 17년 짧게 살 것으로 예측된다. 가난한 나라들에서 극히 낮은 학교 입학률과 낮은 문자 해득률은 부자 나라에서 누구나 하는 입학과 높은 수준의 문자 해득률과 비교된다. 아울러 극소수 예외를 빼면, 가장 부패하고 비민주적인 정부가 가장 가난한 나라에 세워져 있다.

글로벌한 취업난

가장 강력한 이주의 동기는 일자리를 찾는 것이다. 2008년과 2010년 사이의 세계 금융 위기 동안에 실업자 수가 치솟았지만, 최근 10년 동안 전반적으로 선진국의 실업자 수는 감소했다. 반대로 대다수 개발도상국에서는 실업자 수가 여전히 높은 수준을 유지하거나 늘고 있다. 세계에서 실업자 발생률이 가장 높은 주요 지역은 중동과 북아프리카로 12퍼센트 이상이며, 이는 선진국보다 대략 6퍼센트가 높은 수치이다.

　실직이 오로지 글로벌 취업난 차원만은 아니다. 많은 사람이 할일이 없다. 그들은 보통 비공식 분야에서 일하는데, 그 분야의 고용은 예측할 수 없다. 기회는 계절에 따라 생기거나 없어지고, 일부는 1주 단위로 심지어는 하루 단위로 변해서, 노동 조건은 끔찍할 정도이다. 고용된 사람조차도 간신히

살아갈 정도의 임금을 받는다. 유엔 개발 계획이 추정하기론, 빈곤이 줄어들고는 있지만 예측 가능한 미래에서도 빈곤은 여전히 상당할 것이며, 2015년에도 여전히 3억 8,000만 명이 미국 달러로 하루 1달러가 안 되는 돈으로 살기 위해 발버둥 칠 것이라고 한다. 글로벌 취업난의 다른 측면은 국제 노동 기구ILO에 의해 추정된 1,200만 명이 현재 강제로 노동하는 상황에 처해 일한다는 점이다.

　개발도상국에서 유별나게 스트레스를 받는 사람들은 그들의 소득을 농업에 의존하는 사람들이다. 그들은 13억 명으로 전체 노동력의 거의 절반을 차지한다. 많은 사람들이 상업적 확장과 환경 악화로 위협받는 작은 농장들을 가지고 있다. 또 그들은 정치적 지위가 약해서 불공정한 세금을 물고 있다. 개발도상국에서 영농과 비영농 간의 소득 격차는 수년 동안 극적으로 벌어졌다. 그 결과로 농부와 그의 가족들이 소도시나 대도시로 더 나은 호구지책을 찾아 떠나는 농촌-도시 이주자가 늘고 있다. 이러한 많은 사람에게 도시로의 국내 이주는 자신들의 국가를 떠나는 국제 이주의 첫걸음이 된다.

노동시장의 세분화

고소득 경제는 노동시장의 세분화를 특징으로 한다. 세분화 현상은 낮은 임금, 열악한 안전, 낮은 지위로 자국민 노동자들native worker이 거부한 노동시장 분야에서 일어났고 그 시장은 점차 이주 노동자들이 주도하게 되었다. 이러한 직종은 종종 '3D 업종'으로 묘사된다. 더럽고dirty, 위험하며dangerous, 힘든difficult 일을 의미하는데, 이 중 두세 가지가 겹친 일도 있다. 3D 직종은 농업, 임업, 플랜테이션, 중공업, 건설업, 가사 서비스와 같은 분야에 집중된다. 글로벌 금융 위기 상황에서조차 자국민 노동자들은 이러한 일자리들을 꺼렸고 그래서 이주 노동자에 대한 수요는 경제 동향과 무관하게 일정한 규모로 지속되고 있다.

　3D 업종에서 일하는 이주자들은 미등록이거나 비정규 체류 자격이어서, 다른 사람들보다 심각한 저임금과 불안정한 노동 조건에서도 기꺼이 일하려고 한다. 미국에서는 멕시코 출신 비정규 이주자가 농장에서 일하고, 러시아 연방에서는 비정규 이주자가 중공업에 종사하며, 영국과 일부 유럽 국가에서는 건설업, 식품산업, 그리고 서비스업이 비정규 이주

미국 남부 농장에서 일하는 이주 노동자들. (출처: 미국 국립 문서기록 관리청)

자에게 의존하고 있다. 만일 당신이 지난밤 사서 먹은 피자의 가격이 쌌다면 주방에서 일하는 사람들이 비정규 체류 자격이어서 최저 임금보다 못한 벌이를 하고 있기 때문일 것이다. 고용주가 얻는 이점은 비정규 이주자들을 쉽게 고용하고 쉽게 자를 수 있고, 그들의 몸값도 싸다는 것이다. 그러나 이주민 자신들은 착취당하고 학대받는다.

통신과 운송 혁명

통신 혁명은 세계화 과정의 중심적 요소이다. 세계화에 관한 많은 학술적 서술 맥락은 이메일과 인터넷, 전자게시판과 위성 텔레비전 방송국뿐만 아니라 휴대전화와 값싼 국제전화 통화와 같은 첨단 기기의 개발이 폭발적임에 초점을 두고 있다(Box 3 참조). 1990년과 2015년 사이 전 세계 인터넷 사용자들의 수가 간신히 100만 명이었다가 30억 명 이상으로 증가했다고 추산한다. 이 혁명으로 글로벌 연계망이 늘어나고 원활해졌으며, 사실상 세계 각처의 거리를 단축시켰다. 그것은 두 가지 이유로 이주와 관련된다. 첫째, 통신 혁명은 사람들

Box 3_ 아프리카에서의 휴대전화 혁명

지금 세계 인구의 절반 이상이 휴대전화를 사용하는 것으로 추정된다. 역사상 처음으로 휴대전화를 통신 수단으로 하는 사용자는 선진국보다 개발도상국이 많다. 아프리카에서 휴대전화의 사용은 다른 어느 지역보다 빠르게 늘고 있으며, 앞으로 10년 사이에 휴대전화 사용이 20배나 늘 것으로 추정되는데, 이는 세계의 나머지 지역에서의 성장률보다 두 배나 큰 것이다.

인도의 전통 복장을 한 할머니가 시골 부엌에 앉아서 노트북을 보고 있다.

이 격차와 세계 다른 지역의 삶이 어떠한지를 알게 했다. 둘째, 사람들이 이동하여 해외에서 일할 기회를 얻을 수 있음을 알게 했다. 8장에서 지적하듯이 앞으로 통신 기술은 이주에 가장 중요한 영향을 주는 것 중 하나일 것이다.

동시에 통신 혁명을 과장하기도 한다. 여전히 세계의 '정보 격차'가 중요한데, 이 용어는 가난한 나라와 부자 나라 사이에 존재하는 정보 자료의 접근성 차이를 말한다. 통계는 후로도 줄곧 논란이지만, 제7대 유엔 사무총장 코피 아난Kofi Annan이 2000년에 "세계 인구의 절반이 전화가 있은 적도 전화를 받은 적도 없었다"라고 말한 연설에서 정보 격차는 뚜렷하게 나타난다. 그럼에도 정보 격차를 줄이는 것이 글로벌 평등을 달성하고, 사회적 유동성을 강화하며, 민주주의를 고양시키고, 경제 성장을 촉진하는 데 중요하다고 여긴다.

세계화 맥락에서 언급하는 또 다른 '혁명'은 운송이다. 이는 한편에서 국제 여행의 선택 폭을 넓히고, 다른 편에서 비용을 줄이는 것으로 나타난다. 이는 항공사 간 경쟁이 특히 급증했기 때문이다. 다시 한번 이런 혁명이 세계 어디에나 뻗어 나가 있다는 가정은 잘못이지만, 그런데도 오늘날 세계의 어느 두 장소 사이를 합법적으로 여행하는 데 단지 2,500 미국 달러면 충분하다고들 말한다. 5장에서 설명하듯이 불법으로 여행하는 것은 훨씬 비싸지만 여전히 행해지고 있다. 통신 혁명으로 장래 이주자들이 이주할 이유를 더 찾게 되었다면, 운송 혁명으로 이주의 실현 가능성은 높아졌다. 하지만 그 영향을 과대평가하지 말아야 한다. 국제 여행은 여전히 세계 인구의 대다수에게 엄두도 내지 못할 만큼 비싸고, 여권과 비자를 얻는 것과 같은 행정적인 어려움도 뒤따른다.

이주 네트워크

다수의 이주자는 이미 기반을 잡은 친구들이나 가족이 있는, 그리고 '초국적 이주 네트워크'라고 말하는 무언가를 구성해 놓은 나라들로 이동한다. 오늘날 이주가 증가하는 주요한 이유 중 하나로, 영속 가능한 사이클이 확립된 이런 이주 네트워크 때문이라는 데에는 논란이 있다. 이주의 확장은 이전보다 더 많은 사람이 이미 해외에 사는 친구나 가족이 있다는 의미이고, 이주 지형의 변화는 이전보다 더 자주 이 네트워크가 가난한 나라의 장래 이주자를 부자 나라의 실질적인 목적지와 연결한다는 걸 말해 준다.

이주 네트워크는 주로 세 가지 방식으로 이주를 조장한다. 첫째, 이주 네트워크는 새로운 통신 기술의 장점을 활용하여 정보를 제공한다. 둘째, 이주 네트워크는 장래 이주자들에게 돈을 빌려줘서 여행의 경비를 돕는다. 셋째, 이주 네트워크는 머무를 처음 장소를 제공하고, 일자리 찾기를 도와주며, 그리고 경제적·사회적 도움을 제공하여, 신규 이주자들이 정착하는 데 결정적인 역할을 한다.

연구에 따르면, 이주 네트워크들의 특성은 현지의 이주 역사, 국가 여건, 그리고 이주자가 속한 사회 문화적 성향에 따라 다양하다. 그럼에도 목적국들의 경제적 번영 수준에 상관없이 이주 네트워크가 계속해서 광범하게 작동한다는 관찰이 보편적으로 나타난다. 연구에 따르면 또한, 이주 네트워크와 연계되어 붙는 가속도를 정책적으로 막기란 어렵다고 지적한다.

새로운 권리와 자격

누군가가 전보다 더 쉽게 국경을 넘고 더 쉽게 외국 체류를 인정받을 수 있게 권리와 자격이 신장된다는 것은 의미심장하다. 예컨대 유럽 연합 내 국경을 허물어서, 지역 안에서 유럽 연합 시민들의 자유로운 이동을 허용하는 것 등이다. 한편 북미 자유 무역 협정North America Free Trade Agreement(NAFTA)이나 아프리카와 남미를 포함한 세계의 타 지역과 맺는 지역 경제 합의들에 노동자들의 자유로운 이동을 위한 몇 가지 대비들도 포함되어 있다. 게다가 사업가, 학자와 학생, 스포츠

인과 연예인 같은 특정 부류 사람들은 비자가 필요 없거나 패스트트랙 비자를 신청할 수 있다. 이전보다 많은 나라에서 장기 이주 노동자들에게 이주해 온 가족들과 결합하는 걸 허용한다. 게다가 이주 스펙트럼의 다른 한쪽 끝을 보면, 세계의 대다수 국가들은 모국을 벗어난 난민을 보호하고 도와줄 것을 보장하는 1951 유엔 난민 조약을 체결해 왔다(6장 참조).

이러한 새로운 권리와 자격의 확장은 사실 부풀려졌다. 유럽 연합 밖에서 이루어진 지역 경제 협약들 대다수에서는 노동의 자유로운 이동이 현실화되지 못했다. 미국에서는 안보 우려로 인하여 들어오는 이주를 늘리는 정책들에 영향을 주었고, 전문가나 숙련 이주자들에게 발행하는 H1-B비자의 수가 9.11 사건 이후 절반 이상으로 줄었다. 가족 재결합을 원하는 신청자들은 엄격한 행정 절차들이 늘어나는 상황에 맞닥뜨리고 있다. 더불어 저숙련 노동자와 비호 신청자들의 이동에도 규제가 늘고 있다.

이주 산업

이주는 언제나 사업을 만들어 낸다(Box 4 참조). 오늘날 노동

모집인, 입국 이주 변호사, 여행업자, 브로커, 주택 제공업자, 송금 대리인, 출입국 관리자와 세관 관리자와 같은 폭넓은 영역에 종사하는 개인들과 대리인들이 이주를 편리하게 해 준다. 뿐만 아니라 공식적인 재정착이나 귀환 프로그램에 따라 이주자와 난민을 운송할 책임이 있는 국제 이주 기구 International Organization for Migration(IOM)나, 이주자와 난민에게 도움과 쉼터를 제공하는 비정부기구NGO와 같은 기구들 모두가 이주를 편리하게 해 준다. 일부 분석가는 이것들을 상업적

Box 4_ 역사적 관점에서 본 이주의 역사

이주 산업은 규모와 수익 면에서 새로운 특성이 있지만 새로운 것은 아니다. 19세기 말 이탈리아에서 미국으로의 이주를 다룬 1977년 글에서, 역사가인 로버트 하니Robert Harney는 '이주 무역the commerce of migration'이라는 새로운 용어를 만들면서, "관료, 공증인, 변호사, 여관 주인, 사채업자, 시골 장사꾼, 항구 밀수업자, 대리인과 심지어 열차 차장도 이주 거래에 의존한 게 확실하다."라고 했다. 호르헤 뒤랑 Jorge Durand도 19세기 말에 멕시코 중서부에서 미국으로 가는 이주를 장려하는 데 모집인들이 탁월한 역할을 했다고 설명했다. 그들은 멕시코 중서부 노동자들을 노동력이 필요한 미국 남서부의 기업들과 연결시켜 주었다.

이윤을 얻기 위해 세워진 여느 사업들처럼, 새로운 이주 '산업'이나 이주 '사업'을 형성하고 있다고 설명한다. 5장에서 설명하듯이 거기에는 인신매매자와 밀입국 알선자로 이루어진 이주 산업의 불법적인 부분도 있다.

논의해 왔듯이, 이주 산업이 이주로 쌓은 거대한 수익으로 이주 과정에 상당한 가속도를 가해 왔다. 동시에 고도로 조직된 그룹이 출발지, 경유지, 목적국에 있는 소규모 작업자들, 하위 에이전트들과 연계되어 있어서 그 복잡성을 더하는데, 이는 이주 산업의 영향력을 줄이려는 정책 개입을 어렵게 만든다.

왜, 적은 수의 사람만이 이주하는가

이 장은 이주하려는 사람들에게 더 큰 동기를 부여하고 더 많은 이주 기회를 제공하는 글로벌 경제의 주요한 구조 변화들을 간략하게 설명했다. 하지만 이런 변화들과 함께 세계 인구의 단 3퍼센트만이 국제 이주자라는 사실을 받아들일 필요가 있다. 불평등이 늘고, 다른 곳에 좀 더 나은 삶의 기회가 있다는 정보가 널리 퍼지며, 교통수단을 쉽게 접할 수 있다는 점에서 보면, "왜 그렇게 적은 사람만이 이주하는가?"라는 질문이 나오는 게 당연하다.

이 질문에 대한 몇 가지 답은 이미 암시되었다. 글로벌 불평등에 가장 크게 영향받는 사람들은 매우 가난한 사람들이고, 이들은 단지 이동할 여유가 없다. 가난 때문에 이주하는 대다수 사람은 보통 국내의 시골에서 도시로 이주하지 국제적으로 이주하지 않는다. 가난한 나라에서 실직하거나 능력 이하 일을 하는 사람들의 수가, 부자 나라의 세분화된 노동시장의 일자리 수보다 훨씬 많다. 통신과 운송 혁명은 일부 비평가들의 믿음과 달리 멀리까지 파급되지 않았으며 이주 네트워크도 그렇지 않다. 대체로 이주에 대한 권리와 자격은 소수의 특권층에만 적용된다. 그리고 이주 산업은 수익에 의존하기 때문에 이주 비용을 계속해서 증가시키려고 한다.

또한 이 질문에 대해 적어도 맥락상 세 가지의 다른 이유가 잡힌다. 가장 중요한 것은 관성이다. 대다수 사람들은 가족이나 친구와 익숙한 문화에서 떠나기를 원치 않고 태어난 나라에 머물고 싶어 한다. 다른 이유는 정부들이 이주를 통제할 수 있다는 것이다. 공산주의 국가들은 사람들이 떠나는 걸 막곤 했지만, 소련의 붕괴와 냉전의 종식 이후로는 거의 없는 일이다.(쿠바와 북한은 두드러진 예외이다.) 오늘날에는 목적 국들이 이주를 통제하는 게 훨씬 더 일반적이다. 물론 그 노력이 항상 효과적이진 않다. 또 덧붙일 이유는 국가가 개발 될수록 국외로의 이주는 필연적으로 감소한다. 이 장 앞('격차의 심화')에서 제시한 우울한 통계지만, 세계의 대다수 국가들은 고통스러울 만치 느린 속도로 개발되고 있다. 이주와 개발 사이의 연계는 4장에서 검토한다.

4장

이주와 개발

국제 이주는 두 가지 면에서 개발과 관련되었다. 3장에서는 첫 번째, 즉 개발 과정에서 나타나는 격차가 이주의 동기가 될 수 있음을 살펴봤다. 이번 장에서는 반대로 국제 이주가 출신국의 개발에 어떤 영향을 미쳤는가를 묻는다. 이주자들이 해외에서 고국에 막대한 금액을 송금하고 기부하며, 새로운 기술, 경험, 연락망을 지니고 고국에 돌아가는 것은 긍정적이다. 이미 1장에서 암시했듯이, 이주가 '두뇌 유출'로 출신국의 공급이 부족한 기술을 고갈시킨다는 것은 부정적이다.

송금

송금이란 용어는 보통 해외에 있는 이주자들이 고국으로 돈을 보낼 때 쓰는 말이다. 지금쯤은 분명해졌기를 바라지만, 이주와 관련된 거의 모든 게 정확한 측정이 어렵고 송금에도 마찬가지이다. 이주자 송금의 일부는 은행 시스템을 거쳐 고국에 보내지는데, 이 돈은 그나마 공식적 추적이 가능하다. 하지만, 좀 더 많은 액수의 돈은 비공식적인 채널로 보내질 가능성이 크다. 한 가지 이유는 은행과 에이전트가 부과하는 높은 수수료 때문인데, 2015년 글로벌 수수료 평균은 8퍼센트에 이른다. 비공식 송금 채널에는 이주자들이 고국을 방문할 때 현금을 가지고 가거나, 본국으로 돌아가는 친지나 지인들을 통한 송금 방법이 있다. 정기적으로 고국을 오가는 기업인이나 상인이 이주자들로부터 적은 수수료를 받고 송금을 대행하기도 하는데, 쿠바에서는 이런 기업인을 물라스 mulas라 칭한다. 아마도 가장 정교한 비공식 환전 방법은, 소말리아의 하월라드 제도hawilaad system일 것이다(BOX 5 참조).

게다가 은행들이 개인 거래를 소상히 밝히기를 꺼리거나 밝힐 수 없어서, 공식적인 송금조차 정확하지는 않다. 이런 자료의 한계에도 세계은행은 연간 송금의 세계적인 규모를 추산한다. 세계은행 자료를 보면 2015년 한 해 동안 이주자들은 고국으로 5,860억 미국 달러를 보냈다. 깜짝 놀랄 만한 액

Box 5_ 하월라드 제도

하월라드(또는 자월라드xawilaad) 제도는 소말리아 무역상들이 주로 이용한다. 그들은 외국에 나가 있는 소말리아 이주자들에게서 경화(달러처럼 국제적으로 널리 통용되는 통화 — 옮긴이 주)를 모아서, 소말리아에서 팔 수 있는 상품들을 구매한다. 그들은 정기적으로 소말리아로 돌아가서 상품들을 팔고, 이주자의 가족들에게 소말리아 화폐에 상응하는 대가를 지불한다. 상품 판매로 얻은 이익은 사실상 무역상의 수수료가 된다. 이러한 송금 제도는 세계에 퍼져 있는 전체 소말리아 커뮤니티에서 꽤 흔한 일이다. 9.11 사건 이후 이를 감시하거나 중단시키려는 시도가 있었는데, 이는 테러 공격 자금이 소말리아를 통했다는 증거가 몇 가지 나왔기 때문이다. 어쨌든 제도로 공식화하기 어렵다는 게 입증되었지만, 여전히 퍼지고 있는 듯하다.

수이다. 일부 애널리스트에 따르면, 이제 공식적인 송금액은 전 세계적으로 합법 상품(마약류를 제외하고) 중 석유 다음인 두 번째 규모를 차지한다. 개발도상국에서 송금은 기업 투자 다음으로 가장 중요한 외부 자금의 원천이며, 개발원조나 자선으로 모인 기부액의 거의 두 배에 달한다.

세계에서 송금의 성장률 또한 주목할 만한데, 이 책의 1판이 나온 2007년에 보고된 전체 금액보다 2015년에는 세 배가 더 늘었다. 최근 송금액이 급속히 늘은 주요한 이유는 세계화의 과정이다. 특히 세계화로 활성화된 '3T'가 있었고, 이와 동시에 송금도 촉진되었다. 3T 중 하나는 운송transportation으로, 특히 값싼 항공 요금을 들 수 있다. 둘째는 관광업tourism의 성장으로 많은 이주자가 휴일을 이용해 고국을 방문하면서 돈을 가져간다. 셋째는 통신telecommunications으로, 값싼 전화 요금과 광역 인터넷은 이전보다 좀 더 규칙적인 이주자들과 그 가족의 접촉을 가능하게 했으며, 가족과 친구들이 좀 더 쉽게 도움을 요청하게 되었음을 의미한다. 하월라드 제도 같은 전통적인 방식이 여전히 중요하지만, 휴대전화를 이용한 송금도 일반적이다.

하지만 2015년 총액을 보면 송금액의 증가가 실질적으로 둔화하는데, 2014년 이래 0.4퍼센트만 증가했다. 2008~2009년의 글로벌 금융 위기 이후 가장 낮은 송금액 증가율이며, 그 원인으로는 유럽의 경제 성장률 약화, 러시아 경제의 악화, 유로와 루블화의 가치 하락으로 설명한다.

2004년 국제 이주자들의 고국 송금액 규모가 가장 큰 세 국가는 인도(700억 달러), 중국(640억 달러), 필리핀(280억 달러)이었다. 어쨌든 GDP에서 송금이 차지하는 비율은 소규모 국

소말리아 모가디슈의 국제 송금 회사 광고판. (출처: 아프리카연합 소말리아평화유지군)

가들에서 높은데, 요르단에서는 23퍼센트, 레소토에서는 27퍼센트, 통가에서는 37퍼센트나 된다. 다른 개발도상국과 비교하여 사하라 이남의 아프리카는 단지 330억 달러에 해당하는 송금을 받았다. 송금이 모국에 미치는 영향은 여전히 논란이 있다. 직접 송금을 받는 사람들에게 혜택이 있다는 것은 명확한데, 보통 이들은 사회에서 가장 가난한 사람들이다.

송금은 사람들을 가난에서 벗어나게 할 수 있다. 추정하기론 예컨대 소말리아에서는 송금으로 평균적인 가구의 소득이 두 배가 되며, 레소토에서는 시골 가구 수입의 80퍼센트까지 이른다. 게다가 늘어나는 송금은 그들을 다양화시켰는데, 이는 가구들이 단일 소득원에 덜 의존하게 되었다는 의미이다. 이런 면에서 송금은 위험에 대비한 보험을 제공한다. 게다가 송금은 종종 고령자를 위한 의료보험과 아이들의 교육에도 쓰인다.

송금액이 직계 가족 이외의 사람들에게 이득이 되는 정도는 주로 그 돈이 어떻게 사용되는지에 달려 있다. 예컨대 이주자의 송금으로 작은 사업체를 차렸거나 우물이나 학교, 의료 시설 같은 지역 기반 사업에 투자했다면, 송금액은 직접 수령자가 아닌 다른 사람들에게 고용과 서비스를 제공할 수 있다. 반면에 그들이 자동차나 텔레비전 같은 소비 상품에 쓰거나 빚을 갚았다면, 혜택은 넓지 않고 제한적이다. 게다가 어떤 가구는 송금받고 어떤 가구는 그렇지 않아서, 가구 간 차이가 악화하고 커뮤니티는 훼손된다. 그것은 또한 이주자들의 출신지가 모국의 특정 지역에 쏠려 있는 경우가 많음을 고려해 볼 때, 송금액의 차이가 지역 간 차이를 더 크게 할 수 있음을 시사해 준다. 또한 송금액이 가족 구성원을 비정규적인 형태로 부자 나라에 이주시키는 데 돕는 밀입국 알선자들에게 지불된다는 증거가 있다.

송금은 최근 미디어뿐 아니라 학계와 정책 서클에서 엄청나게 긍정적인 언론 반응을 이끌어 냈다. 예컨대 개발에 쓰일 송금은 유엔의 2015년 지속 가능한 개발 목표Sustainable Development Goals(SDGs)에서 그 가치가 인정되었다. 하지만 몇 가지 경고의 목소리도 의미가 있다. 첫째로, 보통 고국의 가족과 오랫동안 떨어져서 만나지 못한 고통에 대해 충분한 관심을 기울이지 않았다는 점이다. 집으로 돈을 보내는 것이 배우자와 떨어져 있거나, 아이들이 자라는 것을 보지 못하거나, 연로한 부모를 돌보지 못하는 것을 항상 보상할 수는 없다.

둘째로, 이주자들이 집에 돈을 보내야 하는 사회적 압박을 과소평가해 왔다는 점이다. 이주자들은 실직 상태이거나 불안한 일자리거나 매우 적은 임금을 벌더라도, 그들이 뒤를 봐주고 있는 집안사람들은 상당한 금액을 보내 줄 것을 기대한다. 흥미로운 연구에 따르면, 이주자들이 실제로 무슨 일을 하고 얼마나 버는지를 가족들이 오해하도록 종종 유도하기도 한다. 만약 당신 부모가 재산을 팔아서 당신을 파리에 보냈다면, 당신이 다른 여섯 사람과 방을 함께 쓰고 거리를 청소하며, 심지어 매춘부로 일하는 걸 알리기보다, 당신이 좋은 아파트에 살며 재미난 직업을 찾았다고 부모가 믿어 주기를 바랄 것이고 당신의 거짓에 대해 용서하기를 바랄 것이다.

마지막으로 송금을 받는 일은 모국의 젊은 사람들에게 해외 이주에 대한 명확한 보상과 비현실적 기대라는 '이주의 문화'를 새롭게 낳을 수 있다는 점이다. 아니면 송금액에 대한 의존은 모국에서 일하는 사람들의 의욕을 꺾을지도 모른다.

학술 논문에서 최근 주목받은, 독특하고 흥미로운 아이디어는 페기 레빗Peggy Levitt이 연구한 '사회적 송금social remittances'이다. 이것은 사람들이 집에 보내는 게 단지 돈만이 아니라 새로운 아이디어, 사회 문화적 관례, 그리고 행동 강령도 있다는 것을 말한다. 사회적 송금은 가족 수준에서 가능한데, 명절에 해외에서 일하던 부모가 돌아와 아이에게 새로운 아이디어를 가르치는 걸 예로 들 수 있다. 그것은 이주자들이 모국의 언론에 이바지하는 좀 더 공식적인 토대가 될 수 있다. 사회적 송금이 가장 강하게 일어나는 방식은 인터넷을 통해서일 것이다. 3장에서 말했듯이 수많은 가난한 나라들에서 제한적이나마 정치가와 언론인과 같은 여론 주도층이 인터넷을 이용하고 있는데, 이들은 이메일 캠페인이나 인터넷 채팅방으로 그 영향을 미칠 수 있다.

디아스포라

하나의 마을이나 도시, 하나의 지역 또는 나라에서 온 상당수 이주민이 목적지로 동일한 나라에서 함께 살 경우, 이주민들은 보통 공식적인 단체에 모인다. 이런 공식적인 단체는 다양한 형태를 띤다. 이러한 단체에 직업 협회가 포함되는데, 예컨대 이주자 중 동일 지역 출신의 의사, 변호사, 선생 들이 한데 모인다. 아울러 스포츠, 종교, 성, 구호, 개발과 같은 공통의 이해에 뿌리를 둔 조직도 포함된다. 유형이 다른 단체로는 고향 개발에 활동의 초점을 둔 같은 마을이나 도시 출신 사람들이 한데 모인 향우회Home Town Association가 있다(Box 6 참조). 2장에서 말했듯이 만능 용어인, 디아스포라가 종종 이런 다양한 조직을 묘사하는 데 쓰인다.

이런 디아스포라 단체들은 일반적으로 구성원들로부터 기부를 받아서 특수한 목적, 즉 고향에서 진행되고 있는 개발을 원조하고 긴급 지원을 제공한다. 디아스포라 단체들은 예

멕시코 향우회(HTA, Home Town Associations)의 역사는 오래되었는데, 가장 유명한 향우회가 1950년대 설립되었다. 현재 미국 도시에는 멕시코 향우회가 600개 이상이 있다. 멕시코 향우회는 공공 인프라(도로 신설, 도로 수리)의 건설, 장비(구급차, 의료 장비) 기부, 교육 진흥(장학 제도 설립, 학교 건설, 학교 설비 제공)을 포함한 공공사업으로 출신지를 후원한다.

컨대 최근 서아프리카에서 발생한 에볼라에 대처할 기금, 의료 장비, 텐트, 음식을 신속하게 모아 고국에 보냈다.

돈과 물품을 고국에 보내는 경제적인 기여 외에도, 디아스포라 단체들은 모국과 커뮤니티의 정치, 사회, 문화적 일에도 간여한다. 정치적으로 가장 뚜렷한 기여는 해외에서 고국의 총선(종종 지방 선거)에 투표하는 것이다. 대단히 치열했던 2000년 미국 대선을 보면, 조지 부시가 해외 거주 미국 시민권자들의 표심에 기대어 알 고어를 근소한 차이로 물리쳤다. 에리트레아의 독립을 묻는 1993년 국민 투표에서는, 투표권을 가진 해외 거주 에리트레아인의 98퍼센트가 투표했다고 한다. 해외 거주 에리트레아인 투표 참여는 어떻게 디아스포라 단체들이 정치에 기여하는가를 보여 주는 독특한 사례이다. 독립한 이후 에리트레아 디아스포라 단체들은 헌법을 기안하는 공식적인 위원회에 대표를 보내 참여하기도 했다.

디아스포라 단체들이 사회 문화적 삶에 얼마나 기여하는지는 측정이 어렵지만, 정치 참여와 같은 정도의 영향력을 미친다. 소말릴란드Somaliland(적도에서 아덴만 사이의 아프리카 동부 지역으로 소말리아·지부티·에티오피아의 남동부 — 옮긴이 주)가 좋은 사례인데, 소말리아 디아스포라 단체들이 보라마Boorama에 있는 하르게이사Hargeisa대학과 아무드Amoud대학의 건설 비용 대부분을 지불했다. 더욱이 안식년을 맞은 해외 거주 소말리아 학자들이 고국에 돌아와 대학에서 학생들을 가르쳤고 젊은 소말리아 선생들을 훈련시켰다. 기술 혁신에 따라 디아스포라 단체의 기여자들은 점차 육체적인 복귀 없이 인터넷 훈련 프로그램과 화상 회의를 이용하게 되었는데, 이 경우를 '가상 귀환'이라 부른다.

세계적으로 디아스포라 단체가 제공하는 잠재적인 기여를 인식한 나라들이 늘고 있으며, 이 나라들은 디아스포라로부터 더 많은 기여를 얻고자 한다. 이는 공식화된 기조로 나타나는데, 멕시코는 해외 멕시코인과의 관계를 책임지는 장관을 두고 있다. 공식화가 약하기는 하지만, 다양한 목적국에 대표단을 파견해서 강의하기도 한다.

예약된 송금처럼, 디아스포라 단체들의 잠재적인 기여도 가치가 있다. 디아스포라가 개발에 기여하듯, 복지에도 기여할 수 있다는 게 한 가지 이유이다. 에티오피아와 에리트레아 디아스포라 단체들의 송금은 두 나라 간의 갈등을 해결하는 데 도움이 되었다. 게다가 특정 종교나 민족 집단이 종종 디아스포라 단체들을 주도하는데, 이 단체들의 기여가 특정 집단만을 목표로 두고 있어서 격차를 가중시키기도 한다. 지식층이나 엘리트가 디아스포라 단체의 구성원이어서 기여에 이들의 특성이 반영된다는 점도 함께 생각해 봐야 한다. 대학 설립이 가난한 농부들에게 직접적인 혜택은 아니기 때문이다.

귀환

디아스포라 단체를 통한 고국으로 송금하기나, 집단 기여하기 외에도, 이주자들이 개발에 잠재적으로 기여하는 세 번째 방식은 귀환이다. 이주자들이 귀국하면서 저축한 돈을 해외에서 들여와서 소규모 사업체를 설립하기도 한다. 또 소규모 무역과 수출입 활동의 기반이 될 연락망을 들고 귀국하기도 한다. 언급한 대로, 그들은 새로운 아이디어를 가지고 돌아올 수 있고, 그들이 정착한 곳의 사람들에게 기업가적 태도와 활동을 고취할 수 있다.

다시 한번 귀환의 영향을 과대평가하지 않는 게 중요하다. 어떤 사람들은 해외에서 성공하지 못해서 저축도 없고 새로운 경험도 없이, 떠나기 전에 하던 일로 돌아가기도 한다. 외국에서 일생을 보내고 은퇴하려고 고국으로 돌아오는 이주자들도 종종 있다. 귀환이 미칠 영향의 폭 역시 고국에서 처한 환경에 달려 있다. 땅이 없거나 세금이 높거나 숙련된 노동력이 부족하면, 예컨대 새 사업을 벌이려는 좋은 의도의 이주자라도 쉽게 좌절하거나 계획을 꺾게 된다.

1장과 9장에서 지적한 것처럼, 점차 '순환 이주' 경향이 나타나는 듯한데, 그렇게 이주자들은 짧은 기간 돌아왔다가 다시 이주한다. 이러한 단기 귀환이 개발에 도움을 주는가는 특히 정치 쪽에서 논쟁이 있다. 걸프만 국가들에서 일하다가 명절에 귀국하는 인도 노동자들에 관한 연구는, 제한되지만, 인도 노동자들의 고향 방문이 지역 경제에 활기를 준다고 한다. 단기간 귀국하는 이주자들은 선물, 음식과 음료를 구입하는 것으로 과시하곤 하기 때문이다. 즉, 그들은 친구와 가족에게 돈을 아끼지 않으며 눈에 띄게 소비한다.

두뇌 유출

국외로의 이주로 인하여, 실업률이 높은 고국에서 한정된 일자리를 두고 벌어지던 경쟁이 줄어든다는 점은 긍정적이다. 이것이 예컨대 필리핀 정부가 국외로의 이주를 긍정적으로 장려하는 한 가지 이유이며, 다른 이유는 이러한 이주자들이 고국으로 보내는 돈 때문이다.

이주는 어쨌든 선택적이며, 떠나는 사람들은 보통 사회에서 가장 모험적이고, 교육을 많이 받았으며, 가장 영리하기도 한 사람들이다. 이주자들이 보유한 특별한 기술을 남은 사람들도 보유해서 쉽게 써먹을 수 있다면, 크게 문제될 게 없다. 예컨대 인도는 컴퓨터 전문가와 기술자가 상당히 많아서 이들이 고국을 떠나도 여유는 충분하다. 많은 젊은 인도사람들이 이런 기술을 갖추고 있기 때문이다. 하지만, 보통은 이런 이동으로 인해 그나마도 부족한 모국의 기술력을 고갈시킨다. 이 과정을 일반적으로 '두뇌 유출'이라고 한다. 두뇌 유출은 기술력 고갈 외에도, 자국민을 교육하고 훈련시켜 온 국가의 투자에 대하여 어떠한 수익도 남기지 못함을 의미한다.

두뇌 유출은 글로벌한 현상이다. 유럽에서는 몇 년 동안 유럽의 우수한 과학자들이 북미로 떠나는 것을 우려했는데, 북미는 월급이 높고, 연구비가 더 관대하며, 장비도 좋았다.

어쨌든 가난한 나라일수록 이러한 과정을 염려하고 있다. 특히 우려되는 것은 사하라 이남 아프리카의 나라에서 출발하는 의료 인력의 이주이다. 몇 가지 수치는 깜짝 놀랄 만하다. 잠비아에서는 독립 이후 훈련받은 600명의 의사 중 단지 50명만이 활동하고 있다. 또 말라위 나라 전체보다 영국 맨체스터에서 활동하는 말라위 의사가 더 많은 것으로 추정된다. 말라위는 여전히 유아 사망률과 질병 감염률이 높아서 의료 인력의 부재가 왜 그들의 발전에 부정적인 영향을 미칠 수 있는지 쉽게 이해할 수 있다.

널리 알려지지는 않았지만, 아프리카에서 교사들의 두뇌 유출이 늘고 있다는 우려는 주목해 볼 만하다. 3장에서 제시된 입학률과 문자 해득력에 대한 해설은 왜 이런 것을 걱정해야 하는지를 보여 준다.

두뇌 유출에 대한 반응은 크게 둘로 나뉜다. 두뇌 유출은 삶을 향상시키고 잠재력을 실현하고자 이동하는 사람들이기에 아무 잘못이 없다고 주장하기도 한다. 게다가 자기 나라가 적당한 직업, 경력을 쌓을 기회, 체류할 동기를 마련해 주지 못한다면 그 나라에 문제가 있다고 주장한다. 이와 반대로 숙련 이주자들, 특히 기술이 있는 사람들을 능동적으로 모집하고 있는 나라들에게 비난을 보내기도 한다. 몇 개 나라는 '최고만 선발하는', 즉 최고의 인재만을 선발하고 나머지는 버린다고 고발당했다. 일부 비판가들은 부유한 나라가 가난한 나라에게 숙련된 사람들의 손실을 보상해야 한다고 주장한다. 대안을 말하자면, 공급이 특히 부족한 기술 분야나 인력 자원이 부족한 나라에서는 직원 뽑아 가기를 피하는 충원 과정이 좀 더 윤리적이다. 8장에서 설명하듯, 결국 일정 기간 근무한 이주민이 본국으로 귀환할 수 있도록 일시 이주 프로그램을 제공하는 것이 도전에 대한 지속 가능한 대응이 될 것이다.

5장

비정규 이주

비정규 방식으로 이동하는 이주자들 역시 다른 이주자들과 정확하게 같은 동기로 고국을 떠난다. 이주자가 합법보다는 비정규 방식으로 이동하는 수가 증가하는 주요인은 목적국 대다수에서 이동과 관련한 법적 규제를 늘리기 때문이다. 전보다 많은 사람이 이동을 원하지만, 합법적인 기회는 상대적으로 줄었다. 법적 규제에도 인신매매와 밀입국 알선 형태로 수십억 달러의 산업이 이동을 바라는 사람들의 욕망을 쫓아 그 주변을 맴돌며 발전하고 있다.

비정규 이주란 무엇인가?

나는 일반적으로 쓰이는 '불법'이란 용어를 피하고자, '비정

규 이주자'와 '비정규 이주'라는 용어를 선택해 왔다. '불법'
이란 용어에 대한 가장 강력한 비판은 사람은 불법이 될 수
없다는 것이고, 사람을 불법으로 규정하면 인간성을 부정하
는 것이기 때문이다. 이주자들은 사람이고 이들이 놓인 법적
상태와 관계없이 권리를 가진다는 사실을 쉽게 잊는다. 다른
비판은 '불법'이란 용어가 범죄 관련성을 내포하기 때문이다.
대체로 행정적 규칙과 규정을 위반했다는 의미로 정의를 내
리지만, 비정규 이주자 대다수가 범죄자는 아니다.

　종종 이 맥락에서 사용하고 있는 다른 두 개 용어가 '미등
록undocumented'과 '무허가unauthorized'이다. 전자는 모호해서 여
기서는 피한다. 때로는 '미등록' 용어가 등록되지 않은(또는
기록되지 않은) 이주자를 나타내거나, 때로는 서류(예컨대 여권
이나 노동허가증)가 없는 이주자를 가리켜 서술된다. 게다가 당
국에 알려져 있거나 서류가 있는 이들도 많아서, 비정규 이
주자 모두에게 반드시 적용될 수 없는데도, 여전히 '미등록'
이라는 용어가 비정규 이주자 모두에게 적용되고 있다. 비슷
하게 모든 비정규 이주자들이 반드시 '무허가'인 것은 아니
어서, 이 용어도 모호하게 사용되고 있다. '비정규 이주'는 어
색하지만, 흔히 사용되는 대안 중 가장 좋은 용어이다.

비정규 이주는 분류를 신중하게 할 필요가 있는, 복잡하고 다양한 개념 그 자체이다. 첫째, 이주자가 비정규 상태가 되는 많은 길에 놓여 있음을 인정하는 게 중요하다. 비정규 이주자는 적절한 허가 없이 입국한 사람들을 포함하는데, 국경 통제를 거치지 않고 들어오거나 위조문서를 지니고 입국하기도 한다. 또한 합법적으로 입국했어도 위장 결혼이나 거짓 입양을 통해 또는 가짜 학생, 위장 자영업자로 들어와 비자나 노동허가증이 만료된 후에도 허가 없이 남아 있는 사람이 속한다. 비정규 이주자에 밀입국 알선자나 인신매매범, 비호 제도를 악용한 사람들에 의해 이동한 사람들도 포함된다.

둘째, 비정규 이주라는 개념이 적용되는 방식에는 중요한 지역적 차이가 있다. 예컨대 유럽 연합EU 밖에서 오는 사람들을 엄격히 통제하는 유럽에서는, 비정규 상태 이주자를 정의하고 확인하기가 쉽다. 하지만 사하라 사막 이남 아프리카 대부분 지역에서는 확인이 쉽지 않다. 그곳은 국경에 구멍이 많고 국경 양쪽에 걸쳐 민족과 언어 집단이 겹치며, 어떤 사람은 유목 커뮤니티에 속하고, 대다수 사람이 출생이나 시민권을 증명할 수가 없다.

2장에서 말했듯이, 마지막으로 복잡성은 문자 그대로 하루아침에 이주자의 지위가 바뀌기도 한다는 점에서 온다. 어떤 이주자가 비정규 방식으로 입국하더라도, 비호 신청을 허락하는 정규화 프로그램을 이수하여 이주자 상태가 정규화될 수 있다. 반대로 이주자가 정규적으로 입국했더라도 노동 허가증이 없거나 비자 만료 상태가 되면 비정규로 변한다. 호주에서 대다수 비정규 이주자는 비자 만기를 넘어서 체류하는 영국 시민들인데, 보통 갭이어(gap year, 고교 졸업 후 대학 생활 전 사이에 일 또는 여행으로 보내는 1년 — 옮긴이 주)를 보내는 학생들이다. 비호 신청자들은 신청서가 거절되고 나서 허가 없이 체류할 때 비정규 이주자가 된다. 좀 더 일반적으로는 원거리 여행을 감행하는 국제 이주자들의 비율이 늘어나서인데, 이들은 지구의 한 곳에서 다른 곳으로 최종 목적지를 향해 이동하면서 수많은 국가를 거쳐 간다. 단 한 번의 여정 안에서 이주민이 관련국들의 비자 요건에 따라 불규칙하게 들어왔다가 나갈 가능성이 꽤 크기 때문이다.

얼마나 많은 비정규 이주자가 있는가?

비정규 이주에 대한 분석은 정확한 자료의 심각한 부족으로 더욱 가로막혀 있는데, 이로 인해 이주의 경향을 파악하거나 세계 각처에서 벌어지는 이주 현상의 규모를 비교하는 게 어렵다. 우리가 알고 있듯이 분석이 어려운 이유 중 하나는 개념에서 오는데, 이 용어가 다양한 원인으로 비정규 지위에 놓인 사람들, 그리고 정규에서 비정규로 또는 그 역으로 번갈아 지위가 변하는 사람들까지 포함하고 있기 때문이다.

다른 이유는 방법론에서 온다. 비정규 이주자의 수를 세기란 사실상 불가능하다. 정규 지위가 아닌 이들은 노출 우려로 관계자에게 말하기를 꺼려서 기록에 남지 않는다. 관찰자는 비정규 이주자의 대다수가 기록되지 않다는 것에 대체로 동의한다. 이런 까닭에 비정규 이주자의 수를 파악하기 위해 다양한 방법이 시도되었다. 어떤 나라들은 사면을 정기적으로 선포하여, 법적 허가 없이 거주하거나 일하는 외국 국적자가 정규화되게 한다. 접근이 어렵지만, 비정규 이주자에 대한 직접 조사가 시도되었다. 기록에 남겨진 이주 자료와 인구 자료의 서로 다른 출처들을 비교하면, 비정규 이주로 설명될 수밖에 없는 불일치들을 강조해서 표시하는 게 가능해진다. 마지막으로 고용주를 조사하면 법적 지위가 아닌 외국인 노동자들을 간접적으로 밝힐 수 있다.

추방당한 사람들을 제외하면, 얼마나 많은 수의 비정규 이주자가 본국으로 돌아가는지를 파악하는 것 또한 불가능하다. 연구 결과를 통해 모든 비정규 이주자들이 영구적으로 머물 것이라는 추측은 잘못임을 알 수 있다. 많은 이들은 예컨대 집을 짓거나 아이들을 교육하거나 빚을 갚는 데 쓸 돈을 충분히 벌고자 하는, 구체적이나 흔한 재정적인 목표를 염두에 두고 목적국에 가기 때문이다.

또 다른 문제는 수집한 자료에 대한 접근이 어떻게든 제한되어 있다는 점이다. 많은 국가에서 집행 기관이 수집한 자료는 공개되지 않는다. 그 대신에 한 사람의 비정규 지위를 보여 주는 정보와 자료는 흔히 정부 부처, 경찰, 고용사무소와 같은 다양한 기관들에 흩어진다. 자료 수집을 위한 국제 협력은 더 심각하다. 비정규 이주 관련 세계적인 추세와 수치에 대한 권위적인 원자료는 없고, 쓸 만한 원자료도 종합적이지 않다.

국제 이주자의 수가 늘면 비정규 이주자의 비율도 늘어난다는 합의가 폭넓게 이루어져 있다. 비정규 이주를 다룬 통계는 대부분 국가적인 차원이다. 예를 들면, 미국은 외국 태생 중 거의 3분의 1을 차지하는 1,100만 명 이상의 비정규 이주자들이 있다고 추산한다. 이 비정규 이주자들 가운데 절반은 멕시코인이다. 미국에 있는 멕시코 태생 인구의 절반인 거의 500만 명이 비정규 이주자라는 추산도 있다. 러시아 연방에도 주로 독립 국가 연합CIS과 동남아시아 출신 비정규 이주자들이 350만 명에서 500만 명 살고 있다고 추산한다. 오늘날 인도에만도 비정규 이주자가 2,000만 명이 산다는 깜짝 놀랄 만한 추산도 있다.

지역이나 세계적인 규모의 다른 추산들도 제공되고 있다. 경제 협력 개발 기구OECD의 추산에 따르면 적어도 500만 명, 즉 유럽 이주자의 10퍼센트가 비정규 상태이며, 50만 명 이상이 매년 유입된다. 아프리카와 라틴아메리카 두 곳의 이주자 중 비정규는 50퍼센트를 훨씬 뛰어넘을 거라고도 한다. 국제이주 정책 개발 센터ICMPD는 전반적으로 250만 명에서 400만 명의 이주자들이 당국의 허가 없이 매년 국가 간 경계를 넘는다고 추산한다. 제공된 수치도 상당히 차이가 나지만, 때로는 다른 원자료 간에도 매우 중대한 차이가 있다.

신뢰할 순 없지만, 이 수치들이 중요하다는 것은 논란의 여지가 없다. 비정규 이주자들이 얼마나 걱정거리인지를 손쉽게 알 수 있다. 하지만 비정규 이주를 맥락에 맞도록 어디에 위치 지울지는 중요한 문제이다. 대다수 국가에서 비정규 이주의 정치적 중요성은 그 수치상의 중요성을 훨씬 넘어선다. 좀 지나치기는 하지만 관련 통계 자료에 따르면, 세계적으로 전체 이주자 중 50퍼센트 가까이가 비정규 이주이며, 유럽 연합과 개별 유럽 연합 국가들에서도 비정규 이주가 10퍼센트 가까이는 차지한다. 이는 영국의 사례에서 확실히 알 수 있다. 영국에 들어오는 비정규 이주자의 수치 추산은 차이의 폭이 너무 크지만, 비정규 이주자의 수치를 아무리 높게 잡아도 영국으로 들어오는 정규 이주자들의 수에 비해 상대적으로 너무나 낮게 잡혀 있다. 12만 명의 외국 학생들이 영국에 매년 입국하고 있고, 또 다른 20만 명의 사람들이 합법적으로 일하러 오는 것에서도 알 수 있다.

'스톡stocks'과 '플로우flows'를 구별하는 것도 중요하다(스톡은 특정 시점에서 지금까지 쌓인 수치라면, 플로우는 일정 기간 흐름을 보여 주는 수치 — 옮긴이 주). 예컨대 비정규 이주자에 대한 스톡 추정치가 드문데, EU 회원이 아닌 국가에서 그 나라의 비정규 이주자 인구 규모에 대한 공식적인 추산치를 펴낸다. 그럼에도 대다수 나라들에서 이미 머물러 있는 수를 나타내는 스톡 수치가 새로 유입되는 플로우 수치를 월등히 능가한다는 점은 의심의 여지가 없다. 세계적으로 대다수 비정규 이주자들은 이미 목적국에 머물러 있다. 게다가 이 사람들은 일자리를 구했고, 살 곳이 있으며, 심지어 아이들을 학교에 보내는 게 흔한 일이다. 다른 말로 그들은 이미 그들이 사는 사회의 일부이고 사회를 분점하고 있다.

비정규 이주의 도전들

정치와 언론의 담론을 보면, 비정규 이주는 국가 안보를 위협하는 요인으로 흔히 말해진다. 이 논쟁을 단순하게 하면, 국가가 국경을 넘는 사람들을 통제할 주권적 권리를 가지며, 이 통제를 약화시키면 비정규 이주자들이 주권을 위협한다는 것이다. 비정규 이주를 멈추게 하는 것이 주권을 재확립하는 기본이라는 주장이 뒤따랐다. 좀 더 극단으로 나간 담론에서는 비정규 이주 역시 국가 안보를 위협할 요인으로 본다. 나아가 비정규 이주와 비호는 잠재적인 테러리스트들에게 입국하는 통로를 제공할지 모른다고 구체적으로 제시하기도 한다. 논쟁의 민감함을 고려하면, 그런 선동적 결론은 매우 섬세하게 분석할 필요가 있다.

무엇보다 관련 숫자를 따져 보는 게 중요하다. 비정규 이주가 주권을 위협한다는 주장의 속내에는, 비정규 이주자들의 엄청난 수에 국가가 압도당한다는 인식이 들어 있다. 실제로는 대다수 나라에서 전체 이주자 중에서 비정규 이주자가 상당히 낮은 비율만을 차지하는데도 말이다.

둘째, 흔히들 아무런 증거도 없으면서 색안경을 낀 채 비정규 이주자들을 바라본다. '비정규 이주자들이 불법 행위에 참여한다'와 '그들이 전염병 특히 HIV/AIDS의 확산과 관련 있다'라는 두 가정은 유난히 잦은데, 이런 가정은 점차 일반화되었다. 어떤 비정규 이주자(와 비호 신청자)는 범죄자이며 어떤 이는 오랜 여행의 결과로 얻은 전염병을 옮긴다고들 말하지만, 대다수는 그렇지 않다. 잘못 전한 증거가 비정규 이주자 전체를 범죄자와 악마로 만들어 어두운 구렁텅이에서 헤매도록 부추긴다. 이로 인해 실제로 범죄자이고 처벌받아야 할 비정규 이주민들, 병을 앓고 있어서 치료받아야 할 사람들에 대해 관심조차 갖지 못하게 한다.

초점을 테러리즘에 두는 것도 비정규 이주와 관련된 똑같이 긴급한 다른 도전들, 곧 국가와 사회를 위한, 그리고 중요하게도 이주자 자신들을 위한 도전들을 소홀히 한다는 의미

멕시코 티후아나와 미국 샌디에이고 사이에 있는 국경을 넘어가는 멕시코 이주자들.
(출처: 미국 관세 국경 보호청)

이다. 비정규 이주자들이 국가 안보에 위협될 수 있다는 게 사실이지만, 이것은 보통 테러나 폭력과 관련 없는 다른 방식이다. 부패와 조직범죄에 연루된 것이라면 비정규 이주자들은 공공 안전에 위협이 될 수 있다. 이 경우는 밀입국 알선자나 인신매매업자들에 의해 불법 입국이 성사되는 지역이나 입국한 이주자들의 노동을 범죄 집단들이 제어하려고 경쟁하는 지역에서 특히 그렇다.

비정규 이주는 수용국의 주민들에게 외국인 혐오 정서를 부추길 수도 있다. 이런 감정이 비정규 지위의 이주자뿐 아니라, 체류 권리를 가진 이주자, 난민, 소수민족 집단에게로도 향한다는 게 중요하다. 언론이 크게 주목할 때, 비정규 이주는 한 국가가 하는 이주와 비호 정책의 진정성과 효율 면에서 공적 신뢰를 떨어뜨린다. 그래서 비정규 이주는 정규 이주의 채널을 넓히려는 정부의 능력에 영향을 끼칠 수 있다. 정부의 통제하에 있다는 걸 시민들에게 인식시키는 것의 중요성을 낮게 평가해서는 안 된다. 비정규 이주가 문제인데, 대체 왜 이주가 필요하다고 하는가라고 유권자들이 물어도 무리는 아니다.

관계가 복잡하지만, 비정규 이주가 명백히 국가 안보를 위협할 수 있다. 그러나 똑같이 비정규 이주가 이주자 본인의 인권을 약화시킬 수 있다. 비정규 이주의 부정적인 결과가 이주자들에게 주는 영향은 일반적으로 지나치게 낮게 평가되었다. 이는 이주자들의 목숨을 위태롭게 할 수도 있다. 2015년 수많은 사람이 유럽 연합에 도달하려다가 목숨을 잃었다. 국제 이주에서 크지만 감춰진 것 중 하나는, 고국을 떠났지만 목적지에 도달하지 못한 사람이 얼마나 되는가와 경유국들에서 그들의 삶은 어떠한가이다.

비정규 이주자 가운데 여성은 상당한 비율을 차지한다. 비정규 지위의 여성 이주자는 성에 따른 차별에 놓여 있어서 일반적으로 가장 하찮은 비공식 부문 일자리를 강요받는다. 그게 그들의 인권을 남용하는 수준일 수 있어서 일부 비평가들은 현대의 인신매매를 노예무역에 비유해 왔다. 특히 여성은 HIV/AIDS에 노출되는 것을 포함하여 특정한 건강 관련 위험에 놓여 있다. 허가 없이 입국하거나 체류하는 여성들은 고용주와 토지 주인에게 착취당할 더 큰 위험에 놓여 있다. 게다가 그들의 비정규성 때문에 이주자들이 목적국에 도착했을 때 일반적으로 자기 기술과 경험을 충분히 활용할 수 없다.

비정규 지위의 이주자들은 보통 체포나 강제 퇴거를 두려워해서 당국에 하는 보상 청구를 내켜 하지 않는다. 그런 까닭에 그들에게 주어진 긴급 의료보험 같은 공공 서비스를 잘 이용하지 않는다. 비정규 지위의 이주자들은 대다수 나라에서 시민들과 정규 지위 이주자들이 누릴 수 있는 폭넓은 서비스를 이용할 수 없다. 그러한 상황에서 이미 일에 쪼들린

프랑스 북부 프레떵Frethun역의 펜스를 넘어 영불해협터널과 영국행 화물열차 탑승을 시도하려는 이주자.

NGO, 종교 단체, 시민 사회 기구는 비정규 지위 이주자에게 어쩔 수 없이 도움을 제공하는데, 때로 기구 자신의 합법적 지위를 해치기도 한다.

비정규 이주는 특히 감정적인 이슈이며, 비정규 이주 관련한 의견들이 양극단으로 치달리는 경향이 있다. 국경 통제와 국가 안보를 걱정하는 이들은 보통 이주자의 인간적 권리를 주요 관심사로 여기는 사람들과 반대편에 있다. 그러므로 또 다른 도전은 비정규 이주의 원인과 결과에 대해 논의하는 가장 효과적 방식을 찾아내고, 용기를 내서 실질적으로 토론하는 일이다.

인신매매와 밀입국 이주

인신매매와 밀입국 이주는 세계적으로도 비정규 이주 중 상대적으로 낮은 비율을 차지하지만, 이 문제를 이번 장에서 다시 거론해야 할 만큼 최근에 관심을 끌고 있다. 이에 대해 간명하게 네 가지 질문에 답해 보자. 인신매매와 밀입국 이주는 무엇인가? 규모는 얼마나 되는가? 개입된 비용은 얼마나 되는가? 그리고 이주자들 자신에게 끼친 결과들은 무엇인가?

심지어 정책 입안자나 학계에서도 인신매매와 밀입국 이주의 두 개념을 종종 혼동하지만, 이 둘은 법적으로 차이가 있다. 인신매매를 금지, 억제, 처벌하는 유엔 의정서(1999)의 정의를 따르면 인신매매는 다음과 같다.

착취를 목적으로 협박이나 무력의 행사 혹은 다른 형태의 강제, 납치, 사기, 기만, 권력의 남용이나 취약한 지위의 이용 또는 타인에 대한 통제력을 가진 사람의 동의를 얻기 위한 보수·이익의 제공이나 수락 행위를 통해, 사람들을 모집, 운송, 이전, 은닉 혹은 인계하는 것.

매춘부로서 일하거나 성매매를 시킬 여성, 때로는 어린아이의 인신매매는 많은 사람들에게 큰 관심을 모았다. 인신매매를 연구하기는 어렵지만, 국제 이주 기구IOM의 연구로 전형적으로 어떤 일이 벌어지는지를 알 수 있다. 살펴보자면, 젊은 여성이 해외에서 일할 기회를 약속받는다. 여성은 일을 시작하게 되면 분납으로 지불할 가격에 합의한다. 그다음에 보통 그녀는 불법으로 목적국에 운송되며, 그곳에서 강제로 매춘부로 일하게 되고, 그녀의 모든 수입은 실제로 인신매매업자가 취한다는 것을 알게 된다. 젊은 여성과 아이들이 고국에서 납치당해 그들의 의사와 상관없이 옮겨진다는 보고도 있다. 실제로 어떤 이는 인신매매를 근대 버전의 노예제로 해석하기도 한다.

밀입국 이주의 알선은 '직간접적으로 재정적 혹은 다른 물질적 이득을 얻기 위해 국적이나 영주권이 아닌 국가로 사람을 불법으로 입국하게 하는 조달 행위'로 정의된다. 인신매매와 달리 밀입국 이주는 대부분 자발적이다. 그것은 잠재적인 이주자들이나 좀 더 흔하게는 이주자들의 가족이, 밀입국 알선자에게 돈을 지불하고 목적국에 불법으로 이동하는 것과 관계가 있다. 그들이 도착한 후에는 밀입국 알선자와의 관계가 정상적으로 종료되므로 인신매매 피해자와 같은 방식으로 착취에 노출되지는 않는다.

실제로 인신매매와 밀입국 이주 사이에는 경계가 모호하다. 이주자들이 떠나기 전에 밀입국 알선자에게 돈을 지불하지 않을 때 경계의 모호함이 생기는데, 이는 그들이 밀입국 알선자에 빚을 진 상태로 도착했음을 의미한다. 이는 차례로 착취의 가능성을 열어 준다.

비정규 이주가 좀 더 일반화됨에 따라, 인신매매나 밀입국 이주에 대하여 정확하게 그 수를 계산하는 것은 불가능하게 되었다. 제공된 수치는 주로 노출된 사람들이고 밀입국 알선이거나 인신매매를 당했다고 인정한 사람들이다. 문제는 아무도 인신매매나 밀입국 알선으로 들어온 사람들의 비율을 모른다는 것이다. 아마도 대다수는 당국에 알려지지 않은 것으로 추정하는 게 합리적일 듯하다.

국제 노동 기구ILO에 따르면 세계적으로 550만 명의 아이들을 포함하여 2,100만 명의 인신매매 희생자가 있다고 한다. 이러한 희생자의 50퍼센트 이상이 아시아-태평양 지역에 있고, 이어서 아프리카 다음으로 라틴아메리카가 그 뒤를 잇는다. 선진국과 유럽 연합의 인신매매 희생자는 150만 명에 달한다. 국제 노동 기구는 인신매매가 연간 1,500억 달러를 만들어 낸다고 추정한다.

정의에 따르면 인신매매는 관련된 사람에게 부정적인 영향을 미친다. 인신매매범은 무자비하게 이주자들을 착취한다. 인신매매의 희생자들은 그들이 간여하는 활동을 선택할 자유가 없다. 그들은 저임금에, 불안하며, 탈출이 어려운 수치스런 일, 그리고 보상이 사소하거나 전혀 없는 일을 강제적으로 해야 한다. 최근에 여성 인신매매에 많은 관심이 있었지만, 이런 현상이 남성과 어린이에게도 영향을 미친다는 데 주목해야 한다. 부모와 이별한 비정규 이주 상태인 이주 어린이들은 특히 취약한 집단이며, 성 산업으로 인신매매 대상이 되기도 한다.

밀입국 이주로 다시 화제를 바꾸면, 내가 참가한 유니버시티 칼리지 런던UCL의 이주 조사단은 밀입국 이주의 글로벌 비용을 추정하기 위해 이주자에게 비용이 부과되었다고 보고된 600개의 자료를 검토했다. 이 자료들은 당연히 문제가 많았고, 그 결과는 추정에 불과했지만 흥미로운 읽을거리를 제공했다.

토론을 위해 세 가지를 강조하고자 한다. 하나는 밀입국

이주 밀수의 비용

루트	평균 비용(US $)
아시아-아메리카	26,041
유럽-아시아	16,462
아시아-호주	14,011
아시아-아시아	12,240
아시아-유럽	9,374
유럽-호주	7,400
아프리카-유럽	6,533
유럽-아메리카	6,389
아메리카-유럽	4,528
아메리카-아메리카	2,984
유럽-유럽	2,708
아프리카-아메리카	2,200
아프리카-호주	1,951
아프리카-아프리카	203

알선자와 인신매매범이 수수료를 얼마나 챙기는가이다. 아시아에서 아메리카로의 평균 여행 경비는 26,000 미국 달러 이상이다. 첫 번째로, 상대적으로 소수만이 밀입국 알선자에게 이 비용을 지불하고 이동할 수 있음을 말해 준다. 아시아와 아메리카 간의 이주가 시작된 곳으로 알려진 파키스탄 같은 나라에서 26,000달러는 상당한 금액이기 때문이다.

두 번째로, 관련 비용의 폭이 넓다는 것을 관찰할 수 있다. 표의 맨 아래에 아프리카 국경을 넘는 밀입국 이주 비용은 203달러로 낮지만, 이는 3장에서 언급한 나라들에서는 상당한 수준의 소득에 해당하는 금액이다. 보고된 몇 가지 사례를 살펴보면, 아프리카 나라 간의 밀입국 이주 비용은 현금이 아니라 예컨대 쌀이나 다른 물품 자루로 이루어진다. 어쨌든 이 표에서 얻어진 마지막 메시지는 밀입국 이주가 단지 '남쪽'에서 '북쪽'으로 가는 과정이 아니라 세계적인 현상이라는 것이다.

수년간의 밀입국 이주 비용에 관한 보고서를 살펴보면, 비용의 증가 여부를 알아내려는 조사가 시행되었음을 알 수 있다. 주요 루트 간에 변화가 다양하지만 전체적인 흐름은 비용이 점차 감소하였다는 점이다. 밀입국 알선자들이 끊임없이 서로를 약탈하고 또 더 많은 고객을 끌어들이려고 방식을 조정하면서 밀입국 알선 사업에서 경쟁이 심화되었기 때문이다(Box 7 참조).

비용 연구의 최종 목적은 비용의 주요 결정 요소가 무엇인지를 이해하는 것이다. 그 결정 요소 중 하나는 여행 거리

Box 7_ 사업으로서 밀입국 알선

나는 지난 십 년간 아프가니스탄과 파키스탄에서 밀입국 알선자들을 인터뷰했다. 그들은 시간이 지남에 따라 청구 금액이 바뀌었을 뿐만 아니라 지불 방식도 바뀌었다고 말했다. 밀입국 알선자들은 대략 십여 년 전에는 사전에 비용이 명확히 지불되었다고 주장했다. 하지만 밀입국 알선자들이 이동하기 전에 돈만 취하고 사라지는 게 이주자들에게는 두려움이었다. 이러한 두려움을 없애기 위해 일부 밀입국 알선자들이 이동 전에는 보증금만 받고 나머지는 목적국에 도착해서 상환하도록 관행을 바꿨다. 문제는 이주자 중 일부가 도착하고 나서 빚을 졌던 밀입국 알선자들에게 착취당한다는 것이다. 밀입국 알선자들은 그들 고객의 관심과 수요에 다시 반응했다. 이제는 지불이 모두 사전에 이루어지지만, 밀입국 알선자에게 직접 지급되기보다는 제3자에게 맡겨졌다. 돈은 이주자가 목적지에 안전하게 도착했음을 확인한 이후에만 밀입국 알선자에게 지급되었다. 이 금액은 밀입국 알선에 대한 환급 보증액이다.

로, 멀수록 비용이 더 든다. 두 번째는 운송 방식으로, 비행이 바다로 하는 여행보다 비싸고, 그다음은 바다 여행이 육로를 따라 하는 여행보다 비싸다. 세 번째 결정 요소는 여행하는 사람의 숫자로, 동시에 많은 사람이 여행할수록 각자가 부담하는 비용은 적어진다.

밀입국 이주도 관련된 사람에게 위험을 초래한다. 밀입국 알선자들은 운송하는 대가로 수천 달러까지 요구한다. 밀입국 알선자들은 이주자들에게 사전에 그들을 어디서 데려갈 지를 알려 주지 않는다. 밀입국 알선자들이 이용하는 운송 수단은 종종 안전하지 않으며, 이런 방식으로 여행하는 이주자들은 밀입국 알선자들에게 버려지거나 그들이 지불한 여행을 완수할 수가 없다(Box 8 참조). 밀입국 알선자를 통해 이동할 때, 많은 이주자가 바다에 빠지거나 밀폐된 컨테이너에서 질식사하거나 운송 도중 강간과 학대를 당하기도 한다.

6장

난민과 비호 신청자

비호 신청자asylum-seeker는 국제 보호를 신청한 사람을 말한다. 대부분은 보호를 원하는 국가에 도착해서 신청하지만, 보호를 원하는 국가 이외의 대사관이나 영사관에서 비호asylum를 신청할 수도 있다. 비호 신청자의 신청은 난민의 자격에 관련된 1951년 유엔 협약의 기준에 따라 판단되는데, 세부 사항은 이후에 검토한다. 신청에 합격한 사람들은 난민의 지위가 승인되며 그때부터 난민이 된다. 불합격자들은 보통 항소할 수 있지만, 항소가 받아들여지지 않으면 그 나라를 떠나야 한다. 유럽과 북미에서는 다른 상태의 범위, 즉 예외적인 잔류 허가ELR로 그룹화를 하는데, 난민은 아니나 고국으로 돌아갈 수는 없는 사람들에게 부여된다.

국제 난민 제도

국제 난민 제도는 난민을 규정하고 난민의 권리와 의무를 결정하는 일련의 법 조항과, 법적으로 엮이지 않더라도 국가들이 지켜야 하는 일련의 규범으로 구성된다. 여러 기관이 이 제도를 실행하고 감시한다.

중요한 법적 협약은 난민의 자격과 관련된 1951년 유엔 협약이다. 거기에서는 난민을 '인종, 종교, 국적, 특정 사회 집단의 구성원 신분, 또는 정치적 견해를 이유로 박해를 받을 수 있다는 합리적인 근거가 있는 공포로 인하여, 자신의 국적국 밖에 있는' 사람으로 규정한다. 비록 이러한 기본 정의의 변형이 아프리카와 라틴아메리카에서 합의가 되었더라도, 여전히 세계적으로 적용되는 필수 정의이다.

난민의 자격에 관련한 유엔 협약의 정의에 대하여 다방면에 걸친 주목할 만한 논쟁이 벌어졌다. 첫째, 협약이 어떻게 시작되었는가를 살펴보는 게 중요한데, 협약이 기록된 것은 60년이 훨씬 지났다. 많은 비평가는 난민에 대한 정의가 그 당시에는 적합했는지 몰라도 오늘날 상황에서는 더 이상 난민의 현실을 전부 다루지는 못한다고 주장한다. 예컨대 협약

이동 중인 르완다 난민들. (출처: 미국 국립 문서기록 관리청)

은 국가에 의한 학대에 초점을 두는데, 이는 나치 정권에 의해 학대받던 사람들을 보호하려고 쓰였기 때문이다. 냉전 시기 당시의 정의는 또한 공산주의를 피한 사람들에게 적용되는 정치적인 목적도 있었다. 그러나 오늘날 난민들은 특수한 정치적 학대라기보다 갈등에서 오는 일반적인 불안정 때문에 도피한다.

두 번째, 유엔 협약은 성이나 성별 구분으로 학대당한 사람들을 명백하게 포함하지 않고 있다. 오늘날 이게 얼마나 중요한지를 이해하려고 아프가니스탄 탈레반 정권하의 여성과 동성애자들이 경험한 바를 더 살펴볼 필요는 없다. 또한 넓은 의미로서 환경적인 이유, 예컨대 쓰나미나 지진으로부터 도망친 사람들도 포함하지 못한다. 그러나 그런 위험을 피하는 게 종종 정치적 실패의 징후라는 그럴듯한 주장이 있다. 예를 들어 위험을 예측하거나, 위험을 완화하거나, 안전을 보장하거나, 여파에 대응하는 적절한 피난처와 보호를 제공하는 것이다. 이 사람들도 난민의 정의 안에 속할 수 있다.

세 번째, 관찰은 국적국 밖의 사람들에게만 적용하는 정의이다. 그러나 고향은 떠났지만 고국을 떠날 수 없는 사람들이 훨씬 더 많다. 그들은 보통 국내 이재민IDP으로 불린다. 국내 이재민이 난민보다 훨씬 더 취약하다는 사례가 있다. 그들은 모국을 벗어날 방법을 찾을 수 없어서, 난민과 같은 방식으로 학대를 피하지 못하고 국제 제도의 보호를 받지 못한다.

이런 한계에도 불구하고 일부 비평가들은 1951년 협약에 지지를 보내야 한다고 말한다. 첫째, 그 협약은 여전히 보호가 필요한 자신의 국가 밖의 사람을 대다수 포함하고 있고,

상대적으로 소수만이 빠져 있다. 둘째, 그 협약의 구현을 책임져 온 유엔 난민 고등 판무관UNHCR은 난민의 정의에서는 제외되지만, 국내 이재민과 자연재해를 피해 떠난 사람을 포함하고, 도움이 명백히 필요한 사람을 포함해서 난민의 정의를 실제로 확장했다. 셋째, 세계적으로 160개 국가가 그 협약에 조인하고 있어서, 많은 나라가 개정된 버전이나 새로운 협약을 조인하기는 어렵다는 데 대다수가 동의한다.

일련의 규범 역시 난민에 대한 국가 대응을 관여하고 장려한다. 이 규범들은 1951년 협약이나 다른 법적 수단(1948년 세계 인권 선언 같은)과, 법적 구속은 없으나 널리 적용되는 관습법이나 협정 같은 법에서 파생되었다. 이 규범 중 주요한 것은, 모국을 떠날 권리, 다른 국가의 영토에 진입할 권리, 비정치적인 행동으로서 비호 제공, 난민을 고국에 강제로 귀환시켜서는 안 됨(강제 송환 금지), 사회 경제적 권리가 난민에게도 충분히 부여되어야 함, 국가들은 난민에게 지속적인 해결책을 제공해야 함 등이다. 마찬가지로 난민도 비호를 제공한 나라의 법을 우선해서 준수할 의무가 있다.

1951년 협약은 유엔 난민 고등 판무관에 의해 지지·실행·감시된다. 길 로셔르Gil Loescher의 저서인 『유엔 난민 고등 판무관과 세계 정치The UNHCR and World Politics』는 유엔 난민 고등 판무관과 국제 난민 제도가 어떻게 진화했는지를 매력적으로 개관하여 제공한다. 그가 1951년 유엔 난민 고등 판무관에 처음 임명되었을 때, 게리트 얀 반 호벤 괴트하르트Gerrit Jan van Heuven Goedhart는 '빈방 세 개와 비서 한 명만 볼 수 있고', 3년 동안만 유지될 것으로 예상되는 좁은 권한을 부여받았으며, 사실상 자금도 거의 지급받지 못했다고 기술했다. 이와 대조적으로 2015년에, 열 번째 유엔 난민 고등 판무관인 안토니우 구테흐스António Guterres는 70억 달러 이상의 연간 예산과, 대략 6,000명의 직원을 통솔한다. 이제 이 기구는 세계를 인도주의로 이끄는 데 앞장서고 있고, 그에 따른 권한도 가지고 있다고 누구나 인정한다.

오늘날 유엔 난민 고등 판무관은 만성적인 재정 위기를 겪고 있다. 다른 몇몇 유엔 기관과 달리, 유엔 난민 고등 판무관은 중앙 유엔 기금으로부터 아주 적은 금액만을 할당받지만, 대신에 연간 지출액은 늘어날 것으로 보인다. 유엔 난민 고등 판무관은 몇 안 되는 주요 기부자에게 의존해 왔는데, 미국, EU, 스웨덴, 일본, 네덜란드, 영국이 주요 기부국이었다. 유엔 난민 고등 판무관의 재정 위기는 특히 난민을 넘어서 다른 관련 인구들을 포함하는 활동에까지 확장했기 때문에 더욱 심각해진 것으로 보인다.

유엔 시스템의 밖에 있는 국제 이주 기구IOM도 국제 난민 제도에서 중요한 기구이다. 그곳은 실행 계획, 특히 난민의 운송을 책임진다. 유엔 난민 고등 판무관과 국제 이주 기구의 업무는 캠프 경영, 식량 배분, 의료, 교육의 각 분야를 직접 책임지는 폭넓은 비정부 기구들의 후원으로 이루어지고 있다.

난민의 글로벌 지형

국제 난민 제도가 시행된 이후 난민의 글로벌 지형은 눈에 띄게 변화했다. 초기의 변화는 독일과 점령된 유럽에서 나치의 학대를 피해 도망친 사람들을 돕는 해결책을 찾으려는 것이었다. 이 사람들 대다수는 결국 미국에 재정착했다. 유엔 난민 고등 판무관과 1951년 협정은 원래 한정된 시기 안에서만 기능하도록 짜여졌는데, 이런 초기 활동을 멈춘 것은 성공적이라는 결론이 나왔다. 그러나 사건들은 계속 일어났다. 1960년대 주요한 신규 난민 인구가 아프리카에서 발생했는데, 넓게 보면 탈식민화의 결과였다. 이 난민 대다수는 아프리카의 이웃 나라들로 가서 영구 정착을 했다. 1970년대 난민 제도의 지형학적 초점은 다시 남아시아와 동남아시아였는데, 1971년 방글라데시 건국과, 인도차이나에 있는 베트남과 그 밖의 지역에서 벌어진 전쟁의 결과였다. 이 난민 중 일부는 결국 유럽에 재정착했다. 1980년대는 중앙아메리카가 짧게 지형학적 초점이 되었다.

1990년대에 눈에 띄는 점은 선진국과 개발도상국 모두에서 난민이 동시에 생겨났다는 것이다. 1990년대 난민은 주로 보스니아, 코소보, 구소련, 소말리아 반도, 르완다, 이라크, 아프가니스탄, 동티모르에서 동시적으로 발생했다. 같은 시기에 주요한 난민 귀환도 모잠비크와 나미비아, 1990년대 말 아프가니스탄과 보스니아에서도 발생했다. 게다가 처음으로 상당한 수의 난민이 고국을 떠나 선진국에 비호 신청을 하기 시작했다. 제2차 세계 대전 말 대체로 유럽의 문제에서 시작된 것이 글로벌 현상으로 엄청나게 복잡해졌다.

이 책의 1판에서 세계적으로 난민의 수가 25년 동안 가장 낮았다고 했는데, 현재는 적어도 최근 50년을 돌아봐도 가장 높은 수치이다. 2014년에 유엔 난민 고등 판무관은 거의

2,000만 명의 난민이 있다고 보고했는데, 이 숫자는 2015년에 특히 시리아 위기로 증가했다. 2014년 난민들의 출신국 중 가장 주요한 곳은 시리아, 아프가니스탄, 소말리아였다. 가장 주요한 수용국은 튀르키예, 파키스탄, 레바논이었다. 전반적으로 개발도상인 지역에서 2014년에 세계 난민의 86퍼센트를 수용했다. 극적인 증가의 이유는 고국으로 돌아갈 수 있는 사람이 급격히 줄었고, 그와 함께 시리아, 아프가니스탄, 북아프리카의 위기 때문이었다. 2014년에 12만 명의 난민만이 고국으로 돌아왔는데, 1983년 이래 가장 낮은 귀환율이었다. 세계에 퍼져 있는 이들 2,000만 명의 난민 외에, 유엔 난민 고등 판무관은 2014년에 거의 4,000만 명의 국내 이재민과 180만 명의 비호 신청자, 1,000만 명의 무국적자들이 있다고 보고했다. 이 책의 1판에서 난민의 미래가 조심스럽지만, 낙관적이라는 서술은 재검토가 필요하다.

난민 이동의 원인

1951년 난민 협정의 정의를 보면, 난민이 고국을 떠나야 하는 이유로 학대를 들고, 학대 개념을 강조하여 설명한다. 오늘날 세계는 여전히 자국민의 일부를 학대하는 약탈 정권이 있는데, 북한은 반박하기 힘든 사례이다. 어쨌든 오늘날 난민 대다수는 국가에 의한 직접적인 학대보다는 갈등으로 인해 떠나는 것으로 추정된다. 난민 이동에 대한 대표적인 이론가인 아리스티드 졸버그Aristide Zolberg는, 그들은 '폭력을 피해' 이동한 것이지, 학대가 필수적인 것은 아니라고 말한다. 그들을 여전히 난민으로 규정하는 이유는 설령 국가가 직접 학대하지 않았더라도, 여전히 국가가 그들을 보호할 수 없고, 시민들이 보편적으로 부여받는 권리를 국가가 제공할 수 없기 때문이다.

여기서 현대 전쟁에 대한 문헌을 폭넓게 검토할 여유는 없지만, 영향력 있는 학자인 마크 칼도르Mark Kaldor가 난민 이동을 함축하는 '새로운 전쟁new war'을 이전의 갈등과 구별하여 특징을 서술하고 목록화한 점은 눈여겨볼 만한 가치가 있다. 첫째, 전쟁에 대한 대다수 사람의 즉각적 이해와 달리, 오늘날 거의 모든 갈등은 국가 간이 아니라 국가 내부에서 민족이나 종교로 다투는 것이다. 1998년부터 2000년까지 에리트레아와 에티오피아 사이의 갈등은 일반적인 사례가 아니다. 둘째, 전쟁이 '비공식적'이거나 '민영화'되는데, 이는 직업 군인이 아니라 민병대나 용병 집단에 의해 전투가 벌어짐을 의미한다. 셋째, 과거 전쟁에서는 전투원을 주로 죽이지만, 오늘날은 민간인이 죽는다. 제1차 세계 대전에서 민간인의 희생 비율이 25퍼센트이었음에 반해 현대전에서는 민간인이 90퍼센트 이상 희생되는 것으로 추정된다. 넷째, 특히 아프리카에서 벌어지는 현대적 갈등은 죽느냐 사느냐의 문제이다. 그 이유 중 하나는 이 갈등들이 보통 민족 구분에 바탕을 두고 있어서, 평화가 정착된 이후로도 지속되고 다시 점화되기 때문이다. 다른 이유는 동원 해제가 흔하게 실패하기 때문인데, 실직하거나 따분한 수만 명이 많은 양의 무기들을 갖추고 있으며, 공격적인 젊은이들이 불쏘시개로 이용할 수 있어서이다.

새로운 전쟁의 마지막 특징은 난민 비율의 증가인데, 세 가지 이유가 확인된다. 하나는 인구 이동이 전쟁의 전략적 목표가 된 것인데, 때로 전쟁 당사자들은 심지어 특수한 인구 재배치를 감행하기 위해 협력하기도 한다. 1990년대 발칸반도에서 발생한 소위 '인종 청소'가 바로 그것이다. 다른 이유는 현대 무기가 더 많은 사람을 더 빨리 공포에 질리게 하거나 죽이기 때문이다. 마지막으로, 지뢰가 광범하게 묻혀 있어서 사람들은 분쟁 중에 살던 곳을 떠날 수밖에 없다.

난민 이동의 결과

난민 이동의 결과를 다룬 기구의 리포트와 학술 문헌들이 꽤
방대한데, 대부분 난민 캠프의 환경적인 충격이 난민들의 심
리에 미친 영향에서부터 난민 사이에 퍼진 HIV/AIDS의 유행
등에 관한 내용이다. 문제들을 전 범위에 걸쳐서 살핀 최신
데이터, 연구, 정책들을 찾아볼 수 있는, 최선이자 단일한 출
처는 유엔 난민 고등 판무관 홈페이지(www.unhcr.org)이다. 여기
서는 그 많은 방면의 핵심을 추리는 대신에, 세 가지 교차 주
제인 '정착의 패턴과 과정', '젠더', '도움'에 초점을 둔다.

난민 캠프에 대한 관심은 뜨거웠고 견해도 엇갈린다. 대다
수 조직과 일부 전문가들은 난민 캠프가 난민 보호의 핵심
이며 도움과 교육을 제공할 최선책으로 본다. 반면 다른 이
들은 캠프에서 폭력과 성적 학대가 자주 발생하고, 난민들의
의존성을 키우며, 지역의 환경에 급속하게 악영향을 끼칠 수
있다고 지적한다. 그 한 예로 지하수의 고갈이나 오염과 삼
림 벌채를 들 수 있다고 지적한다. 캠프에서 몇 해 정도 장기

유엔 난민 고등 판무관은 질질 끌고 있는 장기 난민 상황에 대해 관심을 기울이고 있다. 그 기구는 이 상황을 '오래 이어져 왔고 다루기 힘든 림보 상태에 난민들이 놓여 있고, 난민들의 생명이 위태롭지는 않으나 비호 이후 수년간 기본권과 기본적인 경제, 사회, 심리적 필요는 채워지고 있지 않다. 이 상황에 놓인 난민은 종종 외부 지원에 강제적으로 의존할 수밖에 없다.'라고 정의한다. 2014년 유엔 난민 고등 판무관은 전체적으로 1,100만 명에 달하는 난민이 세계에서 39개의 각기 다른 장기적 상황에 놓여 있다고 추정했다. 그러면서 네팔 거주 부탄인들, 파키스탄과 이란 거주 아프간 난민들, 그리고 케냐, 예멘, 에티오피아, 지부티에 사는 소말리아인들을 위한 구체적 계획을 세워 왔다.

간 살면 난민들은 어떤 경우 커다란 심리적 손상을 입을 수 있다(Box 9 참조).

난민이라고 해서 누구나 캠프에 정착하는 건 아니다. 일부만 캠프에 정착하게 되는데, 이는 문제가 몇 가지 있어서이다. 난민 중 상당한 비율이 보통 국경에서 가까운 지역 마을의 인구로 '자립 정착self-settlement'한다. 이는 난민들이 국경을 넘었지만 같은 민족 집단에 속하게 되는 특수한 경우로, 아프리카에서 흔히 볼 수 있다. 도시에 사는 난민들을 식별하고 연구하기는 어렵지만, 수단의 하르툼과 이집트의 카이로 같은 도시에 수십만 명의 난민이 사는 집들이 있는 것으로 추정된다.

난민들은 캠프, 자립 정착, 도시 거주라는 세 가지 옵션을 결합한 정착 전략을 택하는 것으로 나타난다. 여성과 아이들은 캠프에 남아 도움을 받고 그동안 젊은이들은 도시로 일하러 감으로써 서로 떨어져 사는 난민 가족들도 있다. 그렇지 않으면 온 가족이 수입과 안전을 극대화하기 위해 이곳에서 저곳으로 여러 장소를 이동한다.

난민에는 남성보다 여성이 더 많다. 한 가지 이유는 남성은 갈등 과정에서 죽거나 징집당하고, 위험을 무릅쓰고 땅과 재산을 지키거나 일자리를 유지하기 위해 고국에 남기 때문이다. 여성 난민에 대한 진지한 학술적인 관심이 높아진 것은 비교적 최근 일로, 거의 여성 난민이 당장 겪는 문제들에 초점을 두고 있다. 여성 난민은 좌절감에 빠진 남편, 혹은 다른 남자들의 손에 폭력과 성적 학대를 당하고 있어서 건강이 취약하기도 하다. 가족을 돌봐야 할 책임이 불균등하게도 여성 난민에게 더 무거운데, 여성 가구주는 특히 더 심하다. 또 여성 난민은 먹을 것을 마련하고 식사를 책임져야 해서, 땔감 등을 모으기 위해 먼 거리를 걸어야 한다. 얼마나 멀리까지 걷는지를 살펴보면 이 여성들이 처한 그 생생한 현실을 알게 될 것이다.

수잔 포브스 마틴Susan Forbes Martin은 『여성 난민Refugee women』에서 여성 난민에게 특별한 관심을 두면서, 여성 난민은 난민 정착지 내에서 수완이 가장 뛰어나며 진취적이라고 강조한다. 특히 그녀의 책은 유엔 난민 고등 판무관이 여성 난민에게 접근하는 방식을 바꾸게 했다. 이제는 음식과 아이템(혜택)들을 가능하면 여성에게 직접 배분하기를 선호한다. 여성 난민들은 종종 난민 커뮤니티 안에서 동료 교육자로 훈련받게 된다. 이주는 난민들을 포함한 여성들에게 힘을 실어주는 과정으로 알려져 있다. 전통적인 가부장적 사회인 고국으로 돌아갔을 때, 이 여성들이 난민 생활 동안 훈련과 활동으로 얻은 힘을 실제로 잃게 될지, 어떨지는 관심 사항이다.

언제, 어떻게 난민들을 도울 것인가는 난민 구호를 둘러싸고 벌어지는 중요한 논쟁거리이다. 이 논쟁에서 핵심이 되는 책인 바버라 해럴본드Barbara Harrell-Bond의 『부담스러운 도움Imposing Aid』은 난민을 연구하는 학술 분야의 주요 텍스트이다. 그녀의 연구가 많이들 과장되었다고 말하지만, 그녀는 난민 캠프의 도움 제도에 대해서 신랄하지만 이해가 갈 만한 비판을 제출한다. 예를 들면, 도움이 더 이상 필요하지 않은 때에 모름지기 의존성이 자라게 된다는 것이다. 또 도움이 부적절하게 제공되었던 사례도 드는데, 도움을 받는 대다수를 화나게 했던 식료품 이야기이다. 그녀는 난민 남성들이 도움의 가장 좋은 수령자는 아니라고 말하는데, 왜냐하면 난민 남성들이 도움 금액을 다른 일에 써 버려서 가족이 먹을 식량을 빼앗는다고 비판했다.

탄탄한 해결책

난민을 위한 이른바 탄탄한 해결책은 세 가지가 있다. 각각이 문제일 수 있고 지금 당장은 아무것도 잘 되는 게 없지만, 난민 수의 증가, 장기 난민 상황에 처한 비중의 증가, 점점 줄어드는 귀환이 난민과 관련한 문제들로 지적되고 있다.

자발적 귀환, 다시 말하면 난민들이 고국으로 돌아가는 것이 흔히들 최선의 해결책이라고 생각한다. 첫 지적은 '자발적'이란 용어를 강조하는 데 있다. 강제 송환 금지non refoulement가 난민 보호의 기본 원리인데도, 난민들이 집에 안전하게 돌아가기 전에, 자기 의지에 반해서 송환되는 사례들이 있다. 고국을 어떻게 정의할 것인가가 귀환에 있어 또 다른 잠재적 딜레마이다. 예컨대 출신 국가는 안전하지만 돌아갈 특정 출신 지역은 여전히 불안한데도, 난민들을 돌려보내는 것이 적절할까? 유엔 난민 고등 판무관은 아니라고 하지만, '예'라고 대답하는 나라의 수는 늘고 있다.

난민이 고국으로 돌아간 후 어떻게 되었는가는 난민 귀환에서 중요한 문제이지만 이에 대해서는 알려지지 않고 있다. 유엔 난민 고등 판무관이 기간을 연장해서 일부 귀환자들에게 도움을 주었다고는 하지만, 난민들이 일단 국경을 넘어 고국으로 가면 1951년 협정에 따른 특별한 보호나 도움을 줄 권리가 더 이상 없다. 이런 사람들이 겪을 잠재적인 어려움을 가볍게 보면 안 된다. 보통 그들이 고국에 돌아가면 일자리가 없다. 그들의 집과 땅은 종종 그들이 없을 때 다른 이가 점유했거나 파괴되었거나 지뢰밭으로 변해 있다. 도로, 학교, 병원과 같은 기반 시설은 파괴되어 버렸다. 제대 군인들이 그들을 괴롭히거나, 나라를 떠나지 못한 사람들이 그들을 질투하고 그들에게 분노하기도 한다. 일부 사람들, 특히 여성과 아이들은, 커뮤니티 내에서 존엄성이 훼손되는 언어폭력에 시달리는 등 심리적 어려움을 겪는다.

두 번째 해결책은 난민들이 수용국에 영구적으로 정착하는 지역 통합이다. 이 해결책은 1960년대와 1970년대 특히 아프리카에서 꽤 일반적이었다. 앞서 넌지시 말했듯이, 난민들이 국경을 넘어서도 자기 민족 집단 속에 체류하는 사례가 흔했다. 이 시기에는 그들의 수가 상대적으로 적어서, 지역에 정착하는 문제가 상대적으로 적었다는 의미이다. 실제로 탄자니아 같은 나라에서 난민들이 마을과 도시에 정착하여 지역 경제가 살아나는 걸 돕기도 했다.

오늘날 아프리카에서는 지역 통합이 보편적이지 않으며, 수용 정부들도 점차 난민들을 적대시한다. 한 가지 이유는 순전히 난민들의 숫자 때문이다. 다른 이유는 난민이 문제를 끌어오는 존재라는 인식이 확산된 점인데, 예컨대 땅과 일자리의 경쟁, 환경의 저질화를 문제로 들 수 있다. 일단 고향으로 돌아가는 게 안전하다면, 난민들을 귀환시키려는 아프리카 국가와 다른 개발도상국이 갈수록 늘고 있다.

반대로 선진국은 전통적으로 난민 지위에 영주권을 부여해 왔다. 난민들이 갈 수 있을 때 고국으로 돌아가기를 법적으로는 바라지만, 실제로 유럽에서 거의 모든 난민은 영구적으로 유럽에 남는다. 영국에서는 난민 지위를 인정받은 뒤 7년이 지나면 시민권을 신청할 수 있다.

제3국 재정착은 마지막 탄탄한 해결책이다. 이 말은 보통 캠프에서 나온 난민들이 또 다른 나라, 대개 선진국에 영구적으로 재정착하는 과정을 말한다. 난민들은 대부분 미국, 호주, 캐나다에 재정착한다. 1970년대와 1980년대 유럽에서는 난민 재정착이 꽤 보편적이었다. 이는 베트남 '선상 난민'과 피노체트의 칠레에서 온 난민들이 유럽에 도착한 때였다. 그러나 오늘날 유럽에 재정착할 수 있는 쿼터(할당된 몫 ─ 옮긴이 주) 수는 극도로 제한적이다. 시리아 난민 위기에 맞춰 다시 논의되고 있기는 하지만, 유럽에서 일정 쿼터 이내로 비호 신청자와 난민들을 제한해야 한다는 대중들의 우려 분위기가 있어서, 대규모 재정착은 정치적으로 실행 가능한 선택지가 아니라는 게 문제이다.

산업화된 세계에서 비호

산업화된 세계, 특히 유럽에서 비호 신청자가 정치적인 의제의 우선순위로 부상하면서, 어떤 언론들과 대중들 사이에서는 곧 위기가 닥칠 거라는 인식이 확산되었다. 한편으로는 이 위기가 과장되었다는 주장도 가능해 보인다. 다른 편에서는 난민과 비호 신청자에 대한 글로벌하게 잡혀 있는 개략적 관점과는 달리, 산업화된 세계에서 비호에는 일부 중요한 도전들이 따른다는 점에 주의를 돌려 볼 만하다.

비호 이슈는 특히 1990년대 초반 유럽에서 주목을 받았다. 이 시기에 비호 신청자가 그 정점을 찍었는데, 1992년에 약 70만 명에 달했다. 더욱이 그 숫자에 보스니아 전쟁을 피해서 서유럽에 도착한 100만 명 가까운 난민들이 합해졌다.

이러한 수치 외에도 이 시기 비호 신청자들이 가진 몇 가지 특성이 불안을 더 키웠다. 첫째, 허가 없이 비호 신청자들이 도착했고, 그래서 이들을 '자발적' 비호 신청자란 용어로 불렀다. 우리가 앞서 보았듯 1970년대와 1980년대 난민들이 유럽에 재정착할 때는 목적국들이 그들의 숫자, 특성, 도착 방식을 통제했다. 하지만 1990년대 비호 신청자들은 국경에 그냥 도착했고 멀리 떨어진 국가들에서 왔다. 이 시기에 아프가니스탄, 소말리아, 스리랑카는 이주자들의 주요 출신국이었다. 둘째, 앞서 재정착한 난민들과 달리 비호를 신청한 많은 이들이 사실상 전혀 난민이 아니었다. 1980년대부터 유럽으로 노동 이주할 합법적 기회가 줄어서, 예비 노동 이주자들이 유럽에 갈 매우 드문 방법의 하나로 비호를 선택했기 때문이다. 마지막으로 남쪽에서 북쪽으로 대규모 이주가 일어날 조짐이 보인다는 우려가 당시 광범하게 퍼져 있었다.

비호 신청자 수의 증가와 함께 이러한 우려에 대응하기 위해서, 유럽 전역의 국가들이 비호 신청자의 수를 줄이고 입국자들이 '가짜'가 아닌 진짜 청구권을 가졌음을 확실하게 할 새로운 정책들, 이른바 비자 제도가 국적자들에게 부여되었다. 항공사와 여타 운송업체가 승객 모두의 여권과 비자를 검사했고, 소지하지 않은 자에게는 벌금을 부과했다. 비호 절차는 신청을 좀 더 빠르게 진행하도록 간소화했다. 더불어 비호 신청자를 위한 복지 혜택에 쉽게 접근하지 못하게 제한했다.

이런 정책의 영향을 다룬, 주목할 만한 논쟁이 있다. 유럽에서 비호 신청자의 수는 명백하게 감소했다. 2004년에 유럽연합 소속 국가들 안에서 비호 신청자가 23만 3,000명이었는데, 1992년에는 같은 나라들에서 보고된 수의 절반 이하였다. 어쨌든 2014년 유럽에서 비호 신청자의 수는 70만 명 이상으로 반등했는데, 1992년의 수치를 넘었다. 일부 비평가들은 비호의 흐름은 목적국의 정책보다도 출신국의 환경에 의해 결정된다고 제시해 왔다. 또한 새로운 정책의 시행 초기에는 비호 희망자의 수를 줄였을지 모르지만, 그들은 계속해서 도착하고 있고, 이제는 비정규 방식으로 도착하고 있다는 것이다. 즉, 비정규 이주가 비호를 대신한다는 주장이다.

'이주-비호 연계'라는 포괄적 용어가 오늘날 산업화 세계에서 비호라는 특별한 문제를 설명하는 데 점차 쓰이고 있다. 이 용어는 한편에서 난민들을 '가짜' 신청자들과 구별 짓고, 다른 편에서 비정규 이주자로부터 비호 신청자를 구별하는 개념적, 정책적 과제들에서 언급되고 있다.

이런 과제들의 실례를 영국에서 볼 수 있다. 지난 10년 동안 영국에서 비호 신청자 중 대략 10~20퍼센트가 1951년 협정 기준에 충족되어 난민 지위를 부여받았다. 비호 신청자 중 20~30퍼센트는 그 협정의 기준을 충족하지 못했으나 예외적인 잔류 허가ELR의 지위를 일시적으로 받았는데, 출신국으로 돌려보내기에 현재는 안전하지 않다는 게 받아들여졌기 때문이다. 어쨌거나 이런 사실은 비호 신청자 중 50~70퍼센트가 보호 필요 상태로 인정받지 못했음을 말해 준다. 기각된 사람들은 항소할 권리가 있고 일부는 나중에 보호받을 수 있었지만, 대다수는 항소가 기각되어서 출신국으로 돌아갈 것을 강요받았다. 하지만 기각된 사람들 대부분은 돌아가지 않고 영국에 불법으로 머물렀다.

난민 신청과 후속 항소가 기각되었는데도 목적국에 기각당한 비호 신청자들이 머물러 있는 상황은 비호자가 비정규 이주와 결부되는 한 가지 방식이다(Box 10 참조). 오늘날 종종 밀입국 알선업자의 도움을 받아서 들어오는 비호 신청자의

Box 10_ 기각된 비호 신청자들의 귀환

영국은 기각당한 비호 신청자들의 귀환 성적이 꽤 나쁘다. 2006년 영국 내무부는 15만 명에서 28만 8,000명의 기각당한 비호 신청자가 여전히 영국에서 살고 있으며, 그들을 돌려보내는 데 18년까지 걸린다고 추정했다. 이들 개인을 찾아내는 게 주요한 문제인데, 다수가 종종 불법으로 일하기 위해 출신 민족 집단 커뮤니티 안으로 사라진다. 동시에 영국 정부는 기각당한 비호 신청자들이 귀환하는 이익과 그들의 귀환이 중요한 정착 소수민족들의 원성을 불러일으킨다는 손해 사이에서 균형을 암묵적으로 유지해야만 했다. 또 기각당한 비호 신청자들이 박해받을지도 모르는 국가로 귀환한다는 점을 우려하는 강력한 추방 반대 운동이 영국에서 벌어졌다.

수가 느는 것 역시 또 다른 방식이 된다. 5장에서 서술한 것처럼 밀입국 알선자와의 연계가 다소 위험해서, 비호 옹호자들과 인권단체들의 근심이 크다. 마지막으로 어떤 이들은 도착하자마자 법을 어기게 되는데, 이는 보통 노동허가증을 받기 전에 일하기 때문이다.

이런 맥락에서 '비호 신청자'와 '비정규 이주자'라는 용어를 종종 혼용해서 쓰는 게 그리 놀라운 일은 아니다. 이렇게 혼용해서 씀으로서 비호 신청자 중 상당수의 비율이 생명을 보호받고 자유를 얻기 위해 떠나왔다는 진실을 외면당한다는 문제가 생긴다. 선진국들의 비호 제도에 접근하기 위해서 국제 난민 제도 아래 보호받는 사람인 난민들이 자신들의 삶을 위험에 빠뜨린다는 점과 점점 비정규 이주자로 인식되거나 취급당한다는 점이 우려스럽다.

7장

사회 안의 이주자들

이주자가 들어와서 목적지 사회에 끼친 충격들이 당대의 가장 절박한 논란거리이다. 선진 산업 사회들에 들어온 이주자의 수가 크게 증가함과 동시에 이 사회들은 대부분 거대한 구조적 변화 앞에 놓이게 되었다. 여기에는 사회, 노동시장, 커뮤니티의 경제적·인구통계학적·기술적 변화도 포함된다. 욕구 증가, 물리적 기반 시설 수요 급증, 부글부글 끓고 있는 사회 문화적 위기와 같은 사회 안전망을 흔드는 변화들이 그 결과로 나타났다. 더 넓은 맥락에서 보면, 글로벌 금융 위기와 고조된 불안 심리의 여파로 세계는 특히 글로벌 경제 불확실 상황에 놓여 있다.

현대 사회의 병폐를 말할 때, 분명히 실재하고 가시적이며 편리한 해명을 이주와 이주자들이 제공하고 있다. 이것은 많은 산업화된 나라에서 극우 세력 지지가 높아지는 한 가지 이유이다. 이주가 사회에 끼치는 영향을 다룬 방대한 학술 문헌이 어떤 균형적인 시각을 갖추고 있는지는 모호하다. 정태적인 접근으로는 이주로 벌어진 실상을 충분히 반영하지 못한다는 점을 웅변하고 있는데, 이주자들이 노동시장에서 새로운 기술과 경험을 습득해 가기 때문에 시간이 갈수록 실상은 달라질 것이다. 변화에서 이주의 영향을 따로 떼어 내거나, 대중적으로 항의를 불러일으키는 무역 자유화나 민영화와 같은 양상들과 이주를 분리하는 건 매우 어려울 수 있다. 또한 이주자와 이주가 낳은 영향은 이주자의 특성, 수용 사회 내 지리적 위치, 평균 이하의 노동시장 조건, 사회적 관계를 포함하는 광범한 요인들에 따라 크게 달라진다. 더 나아가 이주가 정치, 사회, 문화 등에 끼치는 비경제적 영향의 비용이나 수익을 계량화하는 것은 어려운 일이다.

이주의 경제적 영향

이주가 목적지 사회에 끼친 경제적 영향은 논쟁이 치열한 분야이다. 대체로 유럽보다 미국에서 나온 학술 논쟁이 좀 더 정교한데, 최근까지 유럽의 정치적, 경제적 분위기로 인해 이주가 주는 경제적 이익의 긍정적 사례를 논의하기는 어려웠다. 하지만 항상 그랬던 것은 아니다. 예컨대 1950년대와 1960년대 독일의 외국인 노동자Gastarbeiter 시스템은 전적으로 경제적 이익을 준다는 논리였다.

이주가 경제 성장에 끼친 영향은 논쟁의 주요한 주제였고, 여전히 진행 중이며 해결되지 않고 있다. 옹호론자들은 이주가 경제 성장에 영향을 주었다는 것이 이주자가 저임금 직업을 택했다는 오래된 증거이고, 많은 이주자들이 높은 수준의 야망을 품었으며, 정기적으로 노동력을 유연하게 공급해 왔다는 긍정적인 점들이 있다고 주장한다(Box 11 참조). 또 이주자들은 자본 투자의 수익률을 높이고, 다른 임금 생활자들에게 최소한의 영향만을 주었으며, 이주자들의 기업가 정신이 일자리를 창출하고, 그들의 노동력이 없었다면 국제 경쟁에서 밀렸을 산업 분야에서 국가의 경쟁력을 유지해 주었다고 주장한다. 일부 사례에서 논쟁의 이런 측면은 이주가 출신국에도 긍정적 영향을 주었음을 말해 주는데, 그 주요 양상은 이미 4장에서 설명했다.

Box 11_ 역사적 경험

최근 역사에서 몇 가지 에피소드를 살펴보면, 이주가 끼친 경제적 영향을 평가하는 데 흥미로운 선례를 보게 된다.

1962년 알제리에 살던 유럽 출신 사람들 90만 명이 프랑스로 이동하여, 프랑스의 노동력을 1.6퍼센트 늘렸다. 그들은 정착한 지역의 임금을 기껏해야 0.8퍼센트만 낮추었고, 실직률을 0.2퍼센트 올렸음이 분석을 통해 알려졌다.

1974년에 앙골라와 모잠비크의 아프리카 식민지에서 식민지의 주민 60만 명이 포르투갈로 귀환했다. 그런데 경험적 분석으로는 노동시장에 어떠한 영향을 끼쳤는지를 식별할 수 없었다.

1980년 즈음 쿠바인 12만 5,000명이 마이애미에 들어와서 노동 인구를 7퍼센트나 새롭게 증가시켰다. 쿠바인의 이주가 다른 민족 커뮤니티 출신으로 거주권이 있던 미숙련 노동자에게 끼친 영향 정도를 계산해 봤을 때, 쿠바인이 그들에게 부정적인 영향을 미친 것으로 나타났다.

미국과 여타 나라에서 존경받아 온 다른 전문가들은 이주가 경제에 부정적인 영향을 미칠 수 있다는 설득력 있는 사례를 내세운다. 그들은 외국 출신 중에서 실직률의 추가 상승, 대가족의 유행으로 복지 비용의 상승, 기존 소수민족 사회와의 경쟁이 낳는 부정적 효과를 지적한다. 저숙련 노동

인력풀은 또한 산업의 재건과 재조직을 미루게 할 수 있으며, 착취 노동 조건을 창출하여 노동 기준을 유지하려는 무역 노조의 힘을 약화시킬 수 있다.

이주의 경제적 영향을 다룬 전체 토론에서 세 가지 측면이 특히 이목을 끌었는데, 즉 자국민의 일자리에 유용한지, 자국민의 임금 수준에 영향을 주었는지, 재정 효과 특히 공공 부문 비용에 영향을 미쳤는지였다.

세계 각처의 목적국들이 가장 크게 두려워하는 것은 이주자가 자국민의 일자리를 빼앗아 갈 것이라는 점이다. 특히 유럽 국가들에게서 이런 우려가 명백하게 나타나는데, 유럽 국가들은 실직률이 상대적으로 높고 실직자 중 장기 실직의 비율도 높기 때문이다. 하지만 실제로 이주자가 자국민의 일자리를 빼앗는 상황은 드물었다. 대다수 나라들에서 이주자들은 지역 노동시장의 빈틈을 채우기 때문이다.(이는 경제적 기준이 아니라 인도주의를 바탕으로 받아들여진 난민들에게는 사실이 아니다.) 이런 상황은 지역 훈련과 교육 시스템으로 메우지 못한 기술 격차 때문이고, 지역 주민들이 싫어하는 낮은 지위의 직업이기 때문이다. 이주 노동자들이 용기를 내서 지역 노동자들과 직접 경쟁하는 상황으로 들어가기란 어렵다. 산업화된 국가들에서 행해진 광범한 비교 연구에 따르면, 이주가 지역 인구의 일자리에 미치는 영향은 아무리 나빠도 서로 낫고 못함이 없는 피장파장의 수준이지만, 이주가 경제적 성장과 더 많은 일자리를 창출한다는 점에서 최상으로 긍정적이라고 지적한다(Box 12 참조).

Box 12_ 외국인 자영업자와 민족 기업가

현재 외국인 자영업자들은 캐나다, 덴마크, 핀란드, 스페인, 아일랜드, 영국에 많은 수가 살고 있으며, 이러한 외국인 자영업자들을 연구한 논문이 늘고 있다. 그 나라들에서 이주자의 자영업 비중이 높은 것에 대해 다음의 세 가지 설명이 일반적이다. 하나는 이주자들이 자국민보다 더 역동적이고 위험을 잘 감수한다는 이주자들의 모험적 성향에 바탕을 두고 있다. 반대로 이주자들이 차별, 언어 장벽, 정보 접근 부족으로 봉급생활자가 되기 어려워서 자영업자가 된다는 주장이 있다. 세 번째로 경제 활동의 개발이 이주자 출신 커뮤니티에 맞춰져 있다는 설명이며, 종종 이러한 커뮤니티 형태의 활동을 묘사하는 데 민족 기업가의 개념이 이용된다. 민족 기업가의 영향은 종종 특정 민족 커뮤니티를 넘어서 확장한다는 게 중요한데, 예컨대 인도, 이탈리아, 튀르키예의 요리 전문가들은 이주자들을 위해, 이주자들에 의해 널리 퍼졌고, 지금은 전 세계 식습관의 필수적인 영역이 되었다.

미국에서는 임금 수준에 미치는 영향이 이주 논쟁의 초점이다. 국가적이고 총체적인 수준에서 합의해 왔는데, 노동시장 특성이 이주자와 가장 유사해서, 이주자와 일자리를 두고 직접 경쟁해야 하는 계층에게 부정적인 효과가 가장 심하다는 것이다. 이런 영향은 일자리를 두고 경쟁하지 않는 계층의 임금에는 긍정적 효과로 상쇄되는데, 이주 결과로 미국 기업들이 더 큰 이윤을 얻기 때문이다.

미국에서는 최근 저숙련 이주가 주는 미국의 성장과 함께, 자국민 저숙련 노동자들의 임금에 미치는 이주의 효과에 대해 특별히 관심을 가져 왔다. 아프리카계 미국인들이 덜 숙련된 사람들로 과하게 대표되는데, 전체 노동시장에서 이들이 매우 취약하기 때문에 이주가 이들에게 끼칠 만한 영향이 눈에 띄게 두드러졌다. 하지만 최근의 연구 결과가 명확하거나 일관되지는 않다. 한편, 뉴욕에서 수행된 연구를 보면, 노동시장 참여 조건과 1980년대와 1990년대 초의 수입에서 아프리카계 미국인 남성들의 지위가 상대적으로 하락하였다. 정확히 같은 시기에 이주가 최고도로 활발했고 이주자들 대부분이 저숙련 노동자로 흡수되었다. 또 다른 소수의 연구만이 이주가 단지 순효과net effect를 보여 줄 수 있을 뿐이라고 주장한다. 다른 말로, 일반적으로 임금 감소를 계산하는 다양한 요인 중에 하나로 이주가 있고, 이주의 효과만을 따로 분리하기는 어렵다는 것이다.

이주의 경제적 영향을 다룬 논쟁의 마지막은 공공 재정과 관련이 있다. 호주, 독일, 영국, 미국에서 수행된 개별 연구들에 따르면, 이주가 끼친 경제적 영향이 전반적으로 긍정적이며, 합계를 내 보면 이주자들은 용역비보다 더 많은 세금을 내고 있다. 이주 커뮤니티는 대부분 경제 활동 연령층이 주를 이루는데, 이런 이주 커뮤니티 내의 편향된 연령 구조가 존재하고, 이주민의 고용 수준이 일반적으로 높았다. 게다가 목적국은 보통 이주자들을 키우거나, 가르치거나, 훈련하는 비용을 부담하지 않았다. 더 나아가 많은 사례에 보듯, 이주자들이 은퇴하고 고국으로 돌아가기 때문에 목적국은 이주자들의 노후 의존 비용을 감당하지 않는다.

여기에는 중요한 변수가 있다. 연구에 따르면 이주의 재정적 영향은 인구 고령화 문제가 긴급하고 심각한 유럽 국가들이나 일본에 비해, 인구 고령화 문제가 그나마 덜 심각한 미국 같은 국가에서는 그렇게 긍정적이지는 않다. 뉴질랜드에서 나온 연구는 전반적으로 이주가 정부 재정에 긍정적으로 기여하는 반면, 아시아와 태평양 섬 출신의 신규 이주자들은 세금으로 이바지하는 것보다 비용이 더 든다는 걸 알아냈다.

이주의 경제적 영향을 다룬 각종 논쟁거리에서 이주자들의 고용 규모는 중요한 요인이며, 몇 가지 중요한 변수들이 있다. 미국뿐 아니라 유럽의 최근 논쟁의 특징은 국제 이주의 성격이 바뀌고 있다는 점이다. 가족 상봉은 경제적으로 비활동 이주자가 더 큰 비율을 차지함을 의미한다. 또한 합법적인 허가가 없어서 일정 기간 일할 수 없는 비호 신청자들의 수도 늘고 있다. 좀 더 일반적으로는, 새로운 물결에 속한 이주민들은 사회적 유동성(주소, 직업, 계층 등의 이동 ─ 옮긴이 주)과 기술 습득을 달성하는 능력이 이전 도착자들에 비해 약하다고 제시되었다.

유럽 연합에서 외국 출신 인구의 전반적인 취업률은 유럽 연합 평균 취업률보다 낮다. 이 비율은 어쨌든 출신 지역에 따라 크게 다른데, 서유럽과 남유럽 출신 이주자들은 유럽 연합 평균보다 높은 취업률을 보인다. 실업은 튀르키예, 중동, 아프리카 출신 이주자에게서 특히 높다. 또 젠더 차도 강하다. 외국 출신 남성은 유럽 연합의 평균 남성보다 취업률이 약간 낮지만, 외국 출신 여성은 취업률이 상당히 낮다.

이주자 고용이나 재정적 영향을 다룬 지역이나 도시 차원의 연구가, 국가 차원의 연구와 같은 결론을 도출하지 않는다는 점도 주목해야 한다. 다수 유럽 주요 도시를 지방 정부 차원에서 보면, 공공 재정 부문에서 이주의 순효과는 부정적이라고 밝혔는데, 이는 특정 이주 커뮤니티 내의 높은 실업률 때문이다. 신규 이주자들이 향하는 미국 아홉 곳의 진입점 도시들을 다룬 윌리엄 클락William Clark의 연구에 따르면, 기술과 수입은 떨어지고, 가난과 의존성은 자국민보다 증가세인데, 시간이 지날수록 그 격차가 커지고 있다는 것이다. 클락이 추가한 분석에 따르면, 특히 이런 문제들이 특정 지역, 특정 민족과 국가의 단체와 관련 있다고 한다. 예컨대 LA 카운티의 저숙련 멕시코 이주자들이 특히 가난하다고 밝히고 있다.

마지막으로 한 가지 의견을 더하고 이 부문을 결론짓고자 한다. 여기서 인용한 학술 연구의 결론들이 대중이나 정치적인 견해들과 종종 차이가 난다. 이주자가 경제 성장에 이바지한다, 일자리를 두고 경쟁하지 않는다, 자국민의 임금을 낮추지 않는다, 가성비 면에서 가치가 좋다는 결론을 학술 연구에서는 명확하게 지적하고 있지만, 꼭 이런 식으로 이주자를 바라보는 것만은 아니다. 미국과 유럽에서 이주 규모와 높은 실업률 수준 사이에 연관성이 지속적으로 보인다는 부정적인 여론이 있는데, 둘 사이 직접적 관계가 성립될 수 없음에도 그러한 여론이 형성되고 있다. 예컨대, 말레이시아와 남아프리카에서도 비슷하게 이주가 실업을 가져온다고 주기적으로 비난을 받고 있다.

2세대와 3세대

최근에 이주자들의 자녀와 손자, 즉 2세대와 3세대의 경제적 성과에 상당한 관심이 쏠리고 있다. 정치적인 선거권 박탈이나 사회 문화적인 고립과 같은 요인들도 있지만, 경제적인 배제가 여러 유럽 국가에서 이주자들의 후손이 겪는 가장 흔한 불안의 원인으로 지적되고 있다.

이 주제에 대해 전문가들은 크게 두 파로 나뉘진다. 낙관론자는 유럽의 이주자들이 미국, 캐나다, 호주로 이동한 경험을 살펴서 이주 세대가 경제적으로 불리한 경험을 한다고 보지만, 후속 세대는 대등하게 경쟁할 것으로 보았다. 낙관론자들은 1세대가 노동시장에서 잘 안 된 이유를 외국인 자격에 대한 인식 부족, 언어 능력 부족, 목적지 노동시장에서의 경험 부족이라고 말한다. 논쟁이 있지만, 이런 이유를 2세대에도 똑같이 적용해서는 안 된다. 반대로 비관론자는 이런 역사적 경험을 최근의 이주에 적용할 수 없다고 제기하는데, 특히 최근 이주는 개발도상국에서 오고 있고, 여전히 차별을 경험하게 될 소수자들이 눈에 보인다고 말한다.

옥스퍼드대학교의 사회학자인 안소니 히스Anthony Heath는 동료들과 함께 그들이 정의하고 있는 '민족적 형벌'의 폭과 이유를 살펴보기 위해, 이 주제에 대한 광범하고 국제적인 비교 분석에 착수했다. 다른 요인 중에서도 그들은 호주, 캐나다, 이스라엘, 미국, 오스트리아, 벨기에, 프랑스, 독일, 네덜란드, 스웨덴, 영국, 남아프리카, 북아일랜드에서 유럽 혈통과 비유럽 혈통인 2세대와 3세대 간의 실업률 수준을 비교했다.

그들은 결과물을 내면서, 초기 연구 결과들을 폭넓게 확인했다. 연구한 모든 나라에서 유럽 혈통인 2세대는 기본적으로 민족적 차별을 경험하지 않았다. 다른 말로 그들의 고용률은 자국민과 같거나 더 좋았다. 하지만 모든 나라에서 비유럽 혈통의 후손들은 민족 차별을 경험했다. 이러한 차별은 오스트리아, 벨기에, 프랑스, 독일, 네덜란드에서 특히 강했다. 연구 대상 나라 간의 변수를 설명하는 하나의 요인은 실업률 수준이었다. 민족적 차별은 실업률이 가장 높았던 곳에서 가장 크게 발생했다.

하지만 이런 연구는 관련 변수가 매우 많아서 결과에 권위를 부여하기는 어렵다. 어쨌든 끌어들인 요인으로는 차별, 연구 대상 몇 나라들에서 인종주의 확산, 노동시장의 유연성, 그리고 정보, 접촉, 열정과 같은 인적 자본 요인이었다. 연구의 전반적인 결론은 과거의 유산은 쉽게 극복할 수 없다는 것인데, 미국 거주 아프리카계 미국인과 북아일랜드 거주 가톨릭교도(후자는 개신교도가 이주자)의 경험에서 알 수 있다.

이 연구나 유사한 연구의 결과를 살펴보면, 통합 정책의 기본 원칙이 무엇이든 간에 2세대에 대한 민족 차별은 진행되고 있다는 점이 눈에 띈다. 그래서 비유럽 혈통의 2세대는 기본적으로 동화주의를 내세우는 프랑스에서나 다문화주의를 내세우는 영국에서 넉넉하게 살지는 못한다. 동화주의나 다문화주의 모델 모두 통합 정책이 제대로 작동하지 않고 있다는 뜻이다. 대신에 덜 추상적이고 더 실용적인 문제들, 특히 언어 취득, 훈련과 교육, 노동시장과 상업 법인의 설립, 의

료와 다른 주요 사회 서비스, 그리고 사회적·정치적 참여를
집중해서 살펴보면 통합이 최고조로 달성되고 있음을 알 수
있다. 대다수 나라에서보다 미국에서 통합이 더 잘 이뤄지고
있는데, 이는 연방정부의 불간섭이 이주 커뮤니티들의 자립
을 돕고 지도력을 키우게 했음을 알 수 있다.

이주자와 정치

전체 서유럽에서 무슬림 이주자 1세대, 2세대, 3세대는 불균
형한 실업률에 시달렸는데, 여기에 교육과 주택 문제가 합해
져서 어려움은 커졌다. 최근 수년 동안 고도로 정치화된 정
체성 관련 문제가 밑바탕에 깔려서 이런 사회 경제적 긴장을
심화시켰다는 의견이 있다. 예컨대 영국의 루슈디Rushdie 문제
(영국 소설가 '살만 루슈디'가 『악마의 시』란 책에 예언자 무함마드를 불
경스럽게 묘사하여 이슬람 세계로부터 살해 위협을 받았는데, 영국은 그
를 보호했다. ― 옮긴이 주)로, '테러와의 전쟁', 아프가니스탄과
이라크 침공, 최근의 이라크-레반트 이슬람국가(이슬람국가)
의 등장이 그것이다. 스티븐 카슬Stephen Castle, 하인 데 하스Hein
de Haas, 마크 J. 밀러Mark Miller의 『이주의 시대The Age of Migration』

에 따르면, "압도적인 다수의 무슬림 이주자들이 근본주의를 멀리하는 데 반해, 서유럽은 무슬림 세계를 쓸어버리자는 종교적 열정에 감염된 자가 급증하고 있다."라는 한 가지 결론을 내놓는다.

그러나 수용 사회들에서 근본주의의 등장은 이주의 정치적 영향과 관련된 상당히 넓게 다룬 논문들 중 단지 한 면일 뿐이다. 이주와 정치 간에 놓인 다른 교차로는 반이민 극단주의의 성장을 든다. 2015년 영국 선거에서 400만 명의 사람들이 대체로 반이민 표로 출마한 영국 독립당에 투표했다. 현행 여론조사로는 프랑스 국민전선의 리더인 장 마리 르펜이 당의 반이민 입장에 대한 지지로 2017년 대통령 선거의 2라운드에 진입할 거라고 한다. 덴마크에서도 2015년에 이주자 수용에 대해 강경한 반대 입장을 유지한 덴마크 국민당이 25년 역사상 가장 많은 득표율을 얻었다. 미국에서는 도널드 트럼프가 공화당의 반이민파를 옹호하였다. 더 나아가 학자들 일부는 우익정당의 부상은 반이민 효과가 정치 스펙트럼을 가르고 있다고 주장한다. 예컨대 국민전선에 대한 지지가 늘어남에 따라 이주에 대한 의견이 우편향되고 있다고 프랑스 사회주의자들은 주장했다. 이런 분석이 정확하든 아니든

(반박하는 학자들도 있다.), 이주가 정치적 의제로 등장한 이유로 그런 정당들이 선진국들 사이에서 성공을 거두는 것은 확실하다.

새로운 정당을 키우고 문제들을 양산하는 것 외에, 이주가 목적국들의 정치와 정치 제도에 적어도 두 가지 방식으로 영향을 끼칠 수 있다고 학술 논문은 밝히고 있다. 특히 벨기에, 프랑스, 네덜란드에서 시민권이 거부된 이주자들과 그 후손들이 어떻게 정치적으로 참여하고 대표성을 가지게 할지에 관한 토론이 활발하다. 1970년대와 1980년대 그들은 자신들을 배제했던 채널, 즉 정치를 대표하는 일반적인 채널의 밖에서 파업, 항의 운동, 금식 투쟁, 도시 폭동 등에 참여해 왔다.

최근 수년에 걸쳐 지방(전국이 아닌)선거에 투표와 출마의 정치적 권리를 이주자에게 부여하는 유럽 국가의 수가 늘었다. 대체로 이것은 외국인의 장기 거주가 영구적인 현상이라는 인식의 확산에 부응한 결과이다. 어떤 이는 거주지 커뮤니티에 정치적으로 참여하는 것은 기본 인권이라고 주장한다. 정치 참여가 배제된 이주자들은 사회적 긴장과 갈등을 일으킬 수 있음도 제시했다. 유럽 연합 국가들에서 유럽 연합의 시민 누구나 현재 거주지 나라에서 출마권뿐만 아니라 지방과 유럽 의회 선거 투표권을 가진다. 소수의 나라들(덴마크, 핀란드, 아일랜드, 네덜란드, 노르웨이, 스웨덴)은 유럽 연합 밖 출신 외국인 거주자들에게 최소 기간 거주를 조건으로 지방선거에 투표와 출마권을 허용한다. 다른 나라들(포르투갈, 스페인, 영국)에서는 지방 선거권은 선택된 나라들과의 상호 협약을 근거로 특정 국적을 가진 사람들에게 부여되었다.

다르게는 이주 출신 시민들 사이에 민족 투표 블록을 구성하여 목적지 사회의 정치에 잠재적으로 영향을 끼치는 것이다. 이스라엘에 있는 소비에트 유대인이 가장 좋은 사례인데, 그들은 이스라엘 유권자 중 약 15퍼센트를 차지하며 1992년 이래 모든 총선거의 결과에 결정적인 영향을 미쳤다. 퀘벡의 이주자들은 1996년 캐나다 연방 내 퀘벡의 미래를 묻는 국민투표에서 독립에 반대하는 투표로 영향력을 행사했다. 독일에서는 2002년에 선거가 치열했는데, 35만 명의 튀르키예 출신 독일인도 중요한 투표 블록으로 부상했다. 그런 잠재적 영향이 낳은 결과로, 정치 정당들은 예컨대 영국과 미국에서처럼 이주자 출신 유권자의 관심을 끌려고 노력한다.

미국의 어떤 주에서는 라틴 출신 투표 블록의 잠재력이 정치인들에게 특별히 딜레마가 되고 있다. 한편에서, 멕시코 출신 비정규 이주에 강경한 태도를 보이는 것이 정치적으로 상당히 큰 흐름이다. 다른 한편에서는 라틴 출신 유권자들에게 지지를 호소해야 하기도 한다. 푸에르토리코 사람을 제외하고 미국에 2,400만 명의 라틴 출신 사람들이 사는데, 이는 미국 전체 인구의 약 14퍼센트에 달한다. 캘리포니아와 콜로라도 같은 주에서 라틴 출신 사람들의 투표는 결정적이다. 나아가 미국에 사는 라틴 출신 사람 중 3분의 1은 18세 이하로, 미래에는 그들의 투표가 훨씬 더 중요해질 것으로 보인다.

인구 결손을 보완함

산업화된 국가들에서 자국민의 인구가 줄어들고 동시에 고령화하는 소위 '인구 결손demographic deficit'이 낳은 문제들이 늘고 있다. 최근 떠오르는 논쟁 중 하나는 이주로 이러한 문제들을 어디까지 대처할 수 있는가이다. 낮은 출산율은 기대수명의 증가와 의료기술의 발전과 짝을 이루어 왔다. 젊은 사람의 비율은 감소하는 데 반해 고령 인구 비율은 증가하고 있으며, 이 고령 인구의 대다수는 은퇴 후 30~40년을 더 산다. 다른 말로, 일하며 경제적 성장을 유지하고 세금을 내는 경제 활동 인구가 점점 적어지고 있다는 뜻이다. 반면 많은 사람이 더 이상 일하지 않으면서 연금을 기대하고, 복지 국가에 의료와 사회적 돌봄 비용에 의존한다. 일반적으로 늙어 갈수록 더 많은 돌봄을 요구한다.

인구 결손은 특히 유럽에서 문제가 되고 있다. 유럽에서 현재 인구를 유지하려면 평균 출생아 수가 2.1명이어야 하는데 유럽 여성은 평균적으로 단지 1.4명의 아이만 출산하였다. 그 결과로 유럽 인구는 줄고 있고, 중국과 일본의 인구도 줄어들고 있으며, 러시아도 조만간 줄게 될 것으로 보인다. 실제로 세계 인구의 40퍼센트 이상이 인구가 줄고 있는 나라에서 살고 있다. 동시에 중요한 변수가 있는데, 유럽의 일부 국가는 인구 결손의 영향을 꽤 적게 받고 있으며, 미국은 자국민의 인구가 늘고 있다. 이는 이주 비율이 높기 때문이다.

이주가 얼마나 중요한 역할을 할지에 대해서는 비평가들 사이에서 의견이 분분하지만, 이주가 인구 결손을 줄이기 시작할 거라는 데는 대체로 동의한다. 이주자들이 일을 할 수 있는 나이이고 일자리를 구할 수 있는 한, 법적으로 일을 해서 세금을 내는 한, 이주자들은 자신들이 거주하는 나라들에게 생산 연령 인구 결손을 보완할 수 있다. 일부 비평가에 따르면, 이 나라들의 경제적 자기 이해 추구에 따라 노동 이주가 더 늘 수 있다고 말한다. 노동 이주가 없다면, 그 나라는 현행 연금과 복지 수준을 유지할 수 없게 된다.

수입 노동자들이 단지 노동 인력의 고령화와 감소세를 줄이는 단기 처방일 뿐이라는 반대 논평이 있다. 이는 이주자도 나이를 먹기 때문이다. 더군다나 이주자가 출산율이 높은 나라에서 왔더라도, 일하고 있는 나라의 출산율에 이주자가 종종 반영되어 있기도 한다. 결국 이주자들도 자신들의 복지 대가를 지불할 아이들이 적절하게 자신들을 대체해 주지 않는다면 고령 집단에 더해질 뿐이다.

이주가 '특효약'은 아니라는 데에 많은 사람이 동의한다. 즉, 이주는 인구 결손을 보완할 수 없지만, 어쨌든 이주는 필요한 대응 중에 중요한 요소이다. 다른 대응으로는, 아이를 가진 여성에게 보상을 늘리고(예컨대 좀 더 후한 출산 휴가), 더 일할 수 있도록 은퇴 연령을 높이며, 자국민의 실업률이 높은 곳에 취업률을 늘리고, 기술 혁신으로 생산성을 높이는 게 있겠다. 그리 마음에 들지 않지만, 연금과 복지 혜택을 줄이거나 번영의 수준을 낮추는 것도 대안 중 하나이다.

사회와 문화를 풍요롭게 함

이주 주제가 학제 간 성격이 뚜렷한데도, 이주에 대한 경제학적 접근과 여타 다른 접근 간에 상호 교류가 상대적으로 적다. 비경제적 영향에 값어치를 매기기는 어렵지만, 다른 접근을 통해 사회에 미치는 이주의 전반적인 영향을 균형 있게 사유할 수 있다.

이주가 전 세계의 사회와 문화를 다양하게 그리고 절충적으로 바뀌게 영향을 끼쳤다는 게 가장 눈에 띈다. 이에 대한 사례는 넘친다. 이주를 거치면서 음악 스타일도 재즈, 레게, 방그라 등으로 다양해졌다. 벤 오크리Ben Okri와 살만 루슈디 Salman Rushdie가 세계적으로 유명한 이주 작가들이며, 이들의 이주 경험은 탈식민지 문학의 정수를 자극하고 풍부하게 했다. 하니프 쿠레이시Hanif Kureishi의 『시골뜨기 부처 The Buddha of Suburbia』, 제이디 스미스Zadie Smith의 『하얀 이빨White Teeth』, 모니카 알리Monica Ali의 『브릭 레인Brick Lane』, 치마만다 응고지 아디치에Chimamanda Ngozi Adichie의 『아메리카나Americanah』는 모두 좋은 사례이다. 알베르 카뮈Albert Camus는 알제리계 프랑스 이주자였다. 인도 요리인 치킨 티카 마살라는 이제 영국의 가장 유명한 음식이라고들 말한다. 스페인어는 지금 미국 캘리포니아와 플로리다의 특정 지역에서 가장 흔한 언어이다. 세계적으로 국가 대표팀은 자국의 후손들을 모아 팀을 꾸린다면, 스포츠 클럽은 타국에서 수입한 선수들의 수를 점차 늘리고 있다.

이주 인구가 다양해지면서 한층 더 탄탄해졌는데, 이와 관련한 좋은 사례가 영국에 많다. 한 세기 이상 상당한 수의 아일랜드인이 영국에 이주했고, 여전히 외국 국적 그룹 중 가장 큰 수를 차지한다. 1950년대 이후 영국은 인도, 파키스탄, 자메이카, 여타의 카리브해 섬 같은 영국의 옛 식민지로부터 이주가 많았다. 1970년 이후에는 호주, 캐나다, 뉴질랜드, 남아프리카 출신 이주가 상당히 늘었다. 최근 수년 동안 영국은 이미 다양한 사회가 여전히 더 많은 나라들에서 온 사람들로 한층 더 다양해졌다. 1990년 이래 아프가니스탄, 중국, 이라크, 코소보, 소말리아 출신이 영국에 많이 도착했다. 어떤 이는 영국의 오늘날 상황을 '초다양성'이라고 묘사한다.

다양성이 늘면서 동시에 어려운 문제들이 나타났다. 프랑스에서 벌어진 헤드 스카프 논쟁은 다양성으로 인해 역사와 관련된 국가 규칙을 수용하기가 얼마나 어려운지를 알 수 있는 좋은 사례이다. 또 다른 예를 들자면 집에서는 우르두어를 사용하는 소수의 학생 30명으로 이루어진 초등학교 학급을 영국이나 미국에서 가르치기는 어렵다. 집에서 우르두어로 말하는 학생 둘, 소말리아에서 최근에 와서 영어를 못하는 학생 셋, 첫 언어로 중국어를 사용하는 학생 둘, 이들이 속한 학급을 가르치는 것은 또 다른 문제이다. 그러나 이런 다양성의 문제가 이렇게 저렇게 등장한 사회에서는 대체로 헤아릴 수 없이 많은 이득을 봤다.

다양성이 가져온 긍정적이거나 부정적인 영향은 주요 도시들 특히 이른바 뉴욕, 런던, 홍콩 같은 '세계적인 도시'에서 가장 예민하게 느낀다. 이주는 이 도시들의 특징을 적어도 세 가지 방식으로 나누어 볼 수 있다. 첫째, 특히 세계적인 도시들은 고숙련 이주자와 기업 내 전근자Inter-Corporate Transferee(ICT)에 의지하는데, 이들은 국제 금융, 법률 서비스, 그리고 회계, 광고, 보험 같은 수준 높은 비즈니스 서비스의 유행을 촉발하는 불쏘시개 역할을 하고, 자신들의 경제적 지위는 대체로 자신의 분야에 걸맞게 유지하고 있다. 둘째, 어느 도시나 똑같은데, 예컨대 교통, 쓰레기 처리, 접대, 건설, 출장 급식 등의 지위가 낮은 일자리 역시 이주자들이 채우고 있다. 셋째, 노동 수용성의 결과로 국제 이주자들은 전 세계적으로 글로벌하거나 아니면 큰 규모의 도시에 점차 집중되고 있다. 이주자들은 지방 기관들로부터는 받기 어려운 특별한 도움을 받을 수 있는 장소들(교회, 모스크, 커뮤니티 센터 같은)이나 그 가까운 곳에 정착하기 위해서, 종종 특정 지역이나 구역에 집중해서 모이는 경향이 있다. 이런 이주 커뮤니티로의 집중은 세계 주요 도시들의 고유한 색깔과 독특함이 더해져서, 뉴욕과 런던에 있는 차이나타운과 리틀 이탈리아와 같은 세계적으로 유명한 구역을 조성했다. 동시에 이주자들이 이런 도시들의 가장 가난한 지역에도 집중적으로 모여 종종 '게토'로 불리는 장소를 형성한다.

이주자들은 새로운 초국적 정체성을 구축하여 사회와 문화를 풍요롭게 한다. 초국적주의를 잠재적으로 국가에 대한 충성을 약화시키는 정치적 문제로 보기도 한다. 동시에, 중요한 초국적주의 이론가인 스티븐 베르토벡Steven Vertovec에 의하면 그것은 사회 문화를 변혁한다고 말한다. 그가 믿기론, 첫째 초국적 이주자들은 경계에 걸친 새로운 사회 조직을 만든다. 둘째, 그러한 초국적주의는 의식의 새로운 형태와 연관되는데, 이주자의 수가 늘면서 둘이나 복수의 정체성을 지니게 된다. 셋째, 초국적주의 이주자들은 문화 재생산 방식을 제공한다. 그들은 새롭고 혼종인 문화를 생산하려고 새로운 맥락으로 자신의 문화를 해석하고 섞는다. 넷째, 초국적주의 이주자들은 새로운 자본의 길을 트는 데 중심으로 설 수 있다. 다섯째, 초국적주의 이주자들은 정치적으로 관여하기 위해 새로운 장소를 만든다. 특히 해외에서 자신들의 본국 정치를 움직이거나 본국 정치에 영향을 끼칠 수 있다. 마지막으로 초국적주의는 장소와 지역을 재건한다고 제시했는데, 다른 말로 이주자들이 목적지 사회를 자신들의 출생 지역이 연상되게끔 바꿀 수 있다는 내용이다.

초국적주의의 개념에 대한 비판들도 제기된다. 어떤 이는 이 과정에서 무엇도 특별히 새로울 게 없다고 말한다. 다른 이는 초국적주의가 과장되었고, 세계 대다수 지역에서 다수 이주자에게 적용되지는 않는다고 말한다. 그런데도 가장 열렬한 비판도 이주가 세계화와 교차하여 목적지 사회에서 중요한 사회적, 문화적, 뿐만 아니라 경제적 변화에 영향을 미친다는 데에는 아마도 동의할 것이다. 이 변화들은 거스를 수 없다.

8장

국제 이주의 미래

이 책의 1판 이후로 예견할 수 없었던 이주에 대한 중요한 변화들이 몇 가지 있었다. 아랍의 봄, 시리아 갈등, 에볼라 위기, 세계 재정 위기는 거의 예상하지 못한 것이며 이 변화들은 이주의 패턴과 과정에 영향을 미쳤다. 이 변화들로 이주자 수의 증가가 상대적으로 정체되었지만, 난민의 수는 두 배가 되었다. 소수의 사람만이 송금액의 막대한 증가를 예상했다. 이주가 경제에 긍정적인 영향을 준다는 증거는 강화되었지만, 반이민 정책과 감정은 증가했다. 운송 중에 죽은 이주자 수의 증가는 많은 사람에게 충격을 주기도 했다.

국제 이주의 미래를 예상하는 것은 믿을 게 못 된다. 개념과 데이터의 문제들은 누가 이주자이고 그들이 얼마나 많은 지를 가늠하기 어렵게 한다. 이주는 광범한 글로벌 경제 및 사회의 변화와 불가분하게 연결되어서, 그 역동성으로 갑작스러운 변화를 일으킬 수 있다. 이주와 난민 제도는 이주자들의 입국과 후속 지위에 큰 영향을 주지만, 시시각각 변하는 국내 정치 의제에 따라 영향을 받을 수 있다. 이주 정책은 의도했던 효과를 항상 내는 것은 아니다. 후속 2세대와 3세대를 위한 이주의 영향은 국가들과 집단별로 달라서 정형화할 수 없다.

동시에 앞으로 수십 년 동안 국제 이주를 형성하는 데 이바지할 현재의 흐름, 즉 이주 패턴과 과정뿐만 아니라 정치를 통찰해 볼 수는 있다. 앞선 장의 각 주제를 차례대로 택해서, 이 마지막 장에서 이런 흐름을 확인하고 간단하게 토론하고자 한다.

아시아 이주

대다수 비평가는 이 책의 첫째 장에서 확인한 관점과 역학의 변화가 계속될 것이라는 데 동의할 것이다. 국제 이주는 아마 가까운 장래에도 규모와 다양성 면에서 계속될 것이고,

세계의 어느 곳에서나 직접이든 간접이든 계속 영향을 미칠 것이다. 국제 이주자 중 여성의 비율은 증가할 것으로 보인다. 임시와 순환 이주는 훨씬 지배적인 형태가 될 것이다. 세계 경제 성장에 이바지할 국제 이주의 잠재성은 고숙련 이주가 증가하고 이주의 사회적 변화가 초다양화함에 따라 한층 커질 것이다. 한마디로 이주는 계속 중요할 것이다.

장래에 아시아보다 이주가 더 중요한 곳은 아마 없을 것이다. 1970년대와 1980년대 아시아 출신 이주는 비약적으로 성장했다. 주요 목적지는 북미, 호주, 걸프만 국가들이었다. 2000년 미국에 700만 명의 아시아 이주자들이 있었는데, 중국은 멕시코 다음으로 매년 가장 많은 이주자를 보냈다. OECD 통계는 호주의 아시아 태생 인구가 100만 명 이상으로, 전체 이주 인구 중 4분의 1이며, 호주 전체 인구의 5퍼센트라고 한다. 걸프만 국가들에서 적어도 500만 명의 아시아 이주자들이 일하는데, 2022년 카타르 월드컵 준비를 위해 고용된 사람들이다.

오늘날 주요하게 성장한 것은 아시아 내부의 이주이다. 이 책의 1판이 나온 이래로 아시아에서 거의 2,000만 명의 이주자들이 증가했다. 국제 노동 기구ILO에 의하면 아시아 내부

취업 이주는 1997~1999년의 아시아 경제 위기에도 불구하고, 1995년 이래 매년 6퍼센트 성장했다. 주요 출신은 거대한 노동 잉여를 가진 가난한 나라들로, 특히 중국과 필리핀뿐만 아니라 방글라데시, 인도, 인도네시아, 파키스탄, 스리랑카이다. 주요 목적지는 '타이거' 경제, 즉 일본, 말레이시아, 싱가포르, 태국을 포함한 동아시아의 신흥 공업국Newly industrializing countries(NICs)이다.

국제 이주로 인한 추가 성장 잠재력은 매우 크다. 동아시아와 동남아시아에서 경제 성장이 둔화할 조짐은 없으며, 그 결과로 이들 지역은 더 많은 이주 노동자들을 끌어들일 듯하다. 중국은 이제 세계 두 번째의 무역업자로 일본을 제쳤다. 이는 단 20년 만에 이루어졌고, 특히 중국의 주강 삼각주珠江三角洲 Pearl River Delta, China(PRD)와 양쯔강 삼각주 두 지역에서 그러하다. 주강 삼각주 지역은 이미 노동력이 바닥나서 200만 명의 노동자가 부족한 것으로 추정된다. 양쯔강 삼각주 지역과 경쟁하기 위해 주강 삼각주 지역은 노동력을 서쪽에서 찾아야만 하는데, 처음에 중국 지방, 다음으로 아마도 아시아 각처, 심지어는 사하라 이남의 아프리카까지 구할 것으로 보인다. 지역 내부의 노동력 공급도 수요에 따라 빠르게 성장하기 시작했다. 인도 아대륙에는 이동이 광범하게 늘어날 조짐이 보이는 노동력 저장고가 있다. 필리핀과 인도네시아도 인구 성장률이 크고, 두 곳 다 노동력 수출을 미래를 위한 경제 전략의 필수 요소로 보고 있다.

아시아 이주에서 또 다른 두드러진 특성은 다양성이다. 1장에서 논의한 변화의 역동성을 여러 방식으로 요약하고자 한다. 아시아에서는 여성 이주의 비율이 늘어나고 있는데, 지역에서 여성 이주 노동을 위한 일자리로는 가사 노동, 연예, 접대, 의복이나 전자 제품의 조립 공정 등이 있다. 특히 북미를 목적지로 한 고숙련 이주와 학생 이주가 늘고 있고, 이주 스펙트럼의 다른 쪽 끝에 상당한 인구의 비정규 이주자, 난민, 국내 이재민의 이주가 증가하고 있다. 임시 이주는 지방에 머무는 게 대세이고, 그곳에서의 노동 이주는 거의 계약을 기반으로 하고 있다. 이는 대다수 아시아 국가들이 이주자의 영구 정착을 강력히 거부해 왔기 때문이다.

국내 이주

2장의 목적은 이주자를 정의하는 개념의 변화, 자료 문제, 국가 정치상의 변수가 항상 간단하지 않음을 설명하는 것이었다. 이 책 전체에서처럼 2장은 전적으로 국제 이주자에게 초점을 맞추었다. 하지만 정의는 국내 이주자들이 포함되는 곳에서 훨씬 복잡해진다. 국제 이주자보다 국내 이주자의 수가 더 많지만, 소수의 국가에서만 이들을 계산한다. 국내에서 이동하는 이유를 찾자면 광범하다. 옮겨 다니는 국경이 불분명하거나 구멍이 숭숭 나 있을 경우에는 국제 이주자와 구별이 어려울 수도 있다.

세계의 국내 이주자 수는 2억 3,200만 명이라고 하는데, 그중 중국에만 2억 명의 국내 이주자들이 있다고 추정된다. 더군다나 국내 이주는 앞으로 수년 동안 국제 이주보다 훨씬 더 높은 비율로 성장할 것으로 보인다. 앞으로 20년 동안 3억 명의 중국인이 나라 안에서 이주할 것으로 예상되는데, 이는 중국에서 국내 이주자의 수가 두 배 이상이 된다는 뜻이다.

순전히 규모만으로도 지금까지의 사례보다 국내 이주에 훨씬 더 많은 관심을 기울여야 한다. 국내 이주가 국제 이주의 미래 형성에 중요한 이유는, 주로 국내 이주가 종종 국제 이주에 앞서서 일어나기 때문이다. 시골에서 도시로 이주했던 사람이 대개 나라 밖으로 이주하는 경우가 많다. 한 사회 안에서 국내 이주는 자기 선택이며 훨씬 진취적인데, 이런 사람들은 다음 차례로 국경을 넘는 이주의 위험을 감수하기 때문이다. 게다가 이들은 이주를 직접 경험했고, 도시로 이주한 결과 교육과 정보뿐만 아니라 더 높은 소득을 얻고 교통수단을 폭넓게 선택할 수가 있음을 잘 알고 있다. 국내 이주는 도시들이 보통 시골 지역보다 덜 보수적이고 덜 가부장적이기 때문에 특히 여성에게는 해방이 될 수 있고, 여성들에게 더 교육받고 더 고용되며 더 독립적일 수 있는 기회가 제공된다.

국내 이주는 개발에도 이바지한다. 최근 수년 동안 국내 이주는 중국의 GDP 성장에 연간 16퍼센트까지 이바지한다고 추정되었다. 주요 이유는 국내 이주가 특정 지역의 실업률을 낮추고 다른 지역 노동시장의 틈새를 채워 주는 한 방식이기 때문이다. 제한된 연구지만 국내 이주자들이 고향에 큰 금액을 보낸다고 한다. 한 통계에 의하면 300억 달러 이상이 중국 국내 이주자들에 의해 매년 고향으로 송금된다고 하는데, 주로 도시로 이동한 노동자들에 의해 농촌으로 보내진다. 그들의 송금액은 중국에서 도시와 농촌 간 소득 격차를 줄이고, 부의 지역적 편중을 감소시키며, 농촌의 가난을 감소시키고, 교육과 의료에 지불하며, 소비와 투자를 진작시키는 데 도움을 준다.

기후 변화

3장은 국제 이주의 주요 동인에 초점을 두었고, 이 원인 중 많은 것들은 장래에 더욱 심화될 것으로 예상된다. 글로벌 경제의 구조적 불평등은 여전할 것이고 가까운 미래에 계속해서 이주를 일으키는 이유가 될 것이다. 그것은 통신, 운송, 이주 네트워크의 추진력, 이주 산업에서의 새로운 혁명으로 더 활성화될 것이다. 이주와 세계화는 불가분하게 연결되어 계속 함께할 것이다.

국내 이주와 국제 이주, 자발적인 이주와 강제적인 이주를 둘러싼 가장 활발한 현행 토론 가운데 하나는 기후 변화와 그에 따른 잠재적 영향에 관한 것이다. 종종 이주의 사례에서 보이듯이 가뭄과 기근이 사하라 이남 아프리카인들을 유럽으로 몰거나, 홍수가 방글라데시인들을 국경을 넘어 인도로 가게 한다는 예상은 일종의 히스테리와 같았다.

이 책의 전반적인 논조를 유지하면서 좀 더 이성적으로 접근해 보자. 첫째, 기후 변화가 일어나고 있는지 아닌지에 대한 심각한 회의론이 여전하다는 것과 만약 그렇다면 그것이 인공적인지, 자연적인 변화의 순환 일부인지에 대해 주목할 필요가 있다. 나로서는 주로 인간 활동의 결과로 기후 변화가 일어난다고 확신한다. 그러나 어떻게 그 영향이 느껴지고 어디서, 그리고 언제 그러느냐가 명백하지는 않다.

둘째, 이주가 기후 변화에 자동으로 대응할 필요는 없음을 이해하는 것이 중요하다. 종종 사막화나 해면 상승 같은 수준의 '느린 시작'의 기후 변화 효과와, 범람 같은 '빠른 시작'의 사태 사이에서 그 차이가 난다. 이주는 아마도 전자, 즉 사람들이 농경 방법을 적용하거나, 바다에 펜스를 건설하거나 등등에 대응하는 최후 수단일 것이다. 다른 한편으로 사막화나 해면 상승과 같은 기후 변화의 결과로 이주가 발생하는 곳에서는 이주가 영구적일 가능성이 큰데, 왜냐하면 물이나 모래 아래로 집과 농경지가 사라져 버렸기 때문이다. 반대로 빠른 시작으로 벌어진 사태의 대응으로 나온 이주는 훨씬 더 즉각적인 반응이 될 것이지만 이주가 일시적일 가능성이 크다. 범람이 줄고 안정이 되면 돌아와야 하기 때문이다.

셋째로, 이주가 기후 변화에 대응하여 일어난 것이라도, 그 결과의 다양함에 주목해야 한다. 어떤 이주는 단기간이거나 장기간일 것이다. 어떤 경우는 짧은 거리로, 어떤 경우는 장거리로 끝이 난다. 기후 변화로 인해 해안지대나 국내 이재지역을 벗어나 이동하는 국내 이주가 더 많이 발생할 것이라는 데에 의견이 최근 모아지고 있다. 기후 변화에 원인을 둔 이주는 상대적으로 매우 낮은 비율만이 국경을 넘거나 지역 사이를 오간다.

그러나 유보에도 불구하고 대다수 비평가는 상당한 수의 사람이 기후 변화의 영향으로 고향을 떠나게 될 것이라 예상한다. 실제로 일어났다는 증거는 매우 적지만, 어떻게 일어나고, 어디서 일어나고, 얼마나 많이 영향을 받게 될지에 대한 합의는 없다. 미래에 확실히 벌어질 일이기에, 기후 변화는 이주와 실향의 잠재적 동인 목록에 추가되어야 한다.

임시 이주

4장은 이주가 출신국들의 개발에 미치는 방식에 초점을 두었다. 가장 주요한 이야기는 송금인데, 이 송금에 관한 추정들은 하나같이 훨씬 더 성장할 것이라고 한다. 디아스포라도 또한 좀 더 많은 나라들이 이주자들의 잠재력을 인식하고 이용하려고 함에 따라 큰 영향을 미치게 될 것으로 보인다.

귀환 이주 또한 증가하기 시작했으며 4장에서 지적했듯이 귀환 이주는 두뇌 유출 문제에 대한 대표적인 장기적 대처 방안이다. 그 이유 중 하나는 임시 이주 프로그램을 도입하는 나라의 수가 전 세계적으로 늘고 있는데, 핵심은 이주자들이 고국으로 돌아간다는 합의에 근거하여 임시로 이주 노동자를 허용하는 것이다. 이것은 고숙련과 저숙련 노동자 모두에 적용된다.

1990년대 초 독일은 상당한 수의 임시 노동자를 수용했고, 매년 25만 명에서 30만 명 사이의 노동자가 계속 입국했다. 오늘날은 미국에 가장 많은 인원이 입국하는데, 1990년대 초 이후 미국의 임시 노동자들의 숫자는 4배 증가하여 해마다 50만 명이 넘는다. 산업화된 국가들 가운데 일본이 세 번째에 위치하는데, 대략 20만 명이 매년 일본으로 입국한다. 전체적으로는 적은 숫자지만, 다른 선진국들 특히 유럽에서는 그들을 끌어들이는 새로운 정책으로 임시 노동자들의 입국이 증가했다.

임시 외국인 노동자를 얻기 위한 다른 방법은 비정규 이주자들을 정규화하고 그들에게 제한된 시기 동안에 합법적인 노동허가증을 주는 것이다. 이것은 2005년 대략 70만 명의 비정규 이주자들에 대한 스페인의 정규화를 이끈 원동력 가운데 하나였다. 2005년 미국 의회에 소개된 이주 개혁 제안 중의 하나인 코르닌-킬 법안Cornyn-kyl bill은, 처음으로 귀국하는 비정규 이주자들에게 개방되는 임시 근로자 프로그램을 만든 것이지만, 이 역시 그들이 미국에 영구적으로 정착하는 것을 허용하지 않았다. 인도네시아, 방글라데시, 필리핀 출신 수십만 명의 노동자를 끌어들인 말레이시아는 비정규 이주 인구를 합법적인 임시 노동자로 바꾸려고 노력했다. 목적국에게 임시 이주의 장점은 특별한 시기와 주어진 장소에서 특수한 노동시장의 틈을 메울 수 있다는 것이다. 그것은 또한 사회 통합이란 장기적인 문제를 피하고, 이주에 대한 수용 인구들의 부정적인 태도와 부정적인 대응을 어느 정도 진정시킬 수 있는 방법이었다. 출신국에서는 임시 이주가 자국 실업률을 낮추고 송금을 통해 재정 흐름에 이바지할 수 있었다. 이주자들이 일정 기간 후에 돌아오기 때문에 두뇌 유출의 장기적인 영향을 피할 수 있었고, 게다가 추가 기술을 지니고 돌아온 이주자들로 두뇌 획득도 할 수 있었다.

그럼에도 임시 이주 프로그램에 대한 두 가지의 의구심이 있다. 하나는 임시 이주 프로그램이 항상 이주자들 스스로의 권리를 보호하지 않는다는 것이다. 이를테면 인권 옹호자들에 의해 걸프만 국가들에서 계약직 국내 노동자들의 대우에 대한 우려가 정기적으로 제기된다. 어떤 평론가들은 직접적인 착취가 문제가 아닌 곳에서도 임시 이주가 불가피하게 두 종류의 이주자들, 즉 통합과 그 혜택을 받는 영구 이주자들과, 그들이 돌아가는 것을 보증하기 위해 주류 사회로부터 소외된 임시 이주자들을 양산한다고 말한다.

귀환 문제는 임시 이주 프로그램 토론의 두 번째 주제이다. 회의론자들은 유럽의 초기 임시 이주 프로그램 경험을 지적한다. 단지 짧은 기간만 머무르게 하려 한 '이주 노동자'가 프랑스, 벨기에, 특히 독일 같은 나라들에서 영구 정착으로 끝을 맺었다. 종종 이런 맥락에서 이용되는 옛 속담은 "임시 이주자보다 영구적인 것은 없다."이다. 이유를 설명하는 데 도움을 주는 다른 사례로는 스위스 소설가 막스 프리쉬 Max Frisch의 인용문인 "우리는 노동자를 원했는데 사람을 얻었다."이다. 일단 사람들이 합리적인 수입을 얻고, 집을 구하고, 소셜 네트워크를 개발하면, 간단히 말해서 사람들이 '집

처럼 느끼기' 시작하면 예상되는 시간에 돌아가고 싶지 않을
수 있다는 뜻이다.

비정규 이주의 통제에서 관리까지

나는 5장에서 이주에 영향받는 사람이면 누구나가 비정규
이주를 심각한 문제로 분명히 알기를 바랐는데, 언론의 보도
와 일부 정치인들의 강조 방식은 늘 그렇지만은 않다. 비정
규 이주를 막기 위한 노력은 계속해서 전 세계의 이주 정책
의제 중 매우 비중 있게 다뤄질 것이다. 그러나 언어에서 미
묘하지만 중요한 변화가 최근 수년 동안 정책 입안자와 학계
모두에서 나왔다. 사람들이 예전에는 비정규 이주(조금 더 일
반적으로 국제 이주)의 통제를 말했던 반면에, 이제는 비정규 이
주의 관리를 이야기하려고 한다.

이것이 국가들이 비정규 이주를 덜 심각하게 받아들인다
는 암시는 아니다. 예컨대 2014년에만 영국이 비정규 이주 문
제에 대응하려고 대략 50억 달러를 지불했을 것으로 추정된
다. 동시에 비정규 이주는 멈출 수 없다는 합의가 늘고 있다.
비정규 이주는 국제 이주의 미래에도 계속해서 중요한 구성

요소가 될 것이다.

　비정규 이주가 미래에도 국제 이주의 중요한 요소라고 보는 첫째 이유는 비정규 이주를 포함한 국제 이주의 규모를 결정하는 힘들이 다양한 사회에서 번영과 인간 안보(human security, 1994년 유엔 개발 계획UNDP이 새로운 안보 개념으로 제시한 안보의 궁극적인 대상을 인간으로 보는 개념 ─ 옮긴이 주) 경험의 수준 격차를 강하게 키우고 있기 때문이다.

　둘째는 비정규 이주를 공식화해 다루려는 정치적 의지가 부족한 국가들이 있다. 비정규 이주로 이익을 얻고, 실업률을 낮추며, 송금과 해외 투자의 출처를 확보하려는 출신국들이 특히 그렇다. 심지어 목적국들도 경제적 관점에서 비정규 이주가 꽤 유용하다고 여긴다. 규제 완화, 자유화, 융통성이 늘어난 결과로 위태롭기는 하지만, 다양한 형식의 저숙련과 반숙련 노동에 대한 수요는 늘고 있다. 비정규 이주자는 값싼 노동을 제공하며 정규 이주자나 국적자가 하지 않는 영역에서도 일하려 하기 때문이다.

　셋째 이유로는 비정규 이주의 감소를 목표로 한 정책들이 때로 효과가 떨어지고 심지어는 의도치 않은 결과를 낳는다. 경험적으로 그 관계를 밝히기는 어렵지만, 많은 학계 전문가들은 유럽에서 비호 신청자에 대한 제재가 늘어난 결과로 밀입국 이주가 기름을 부은 듯 증가했다고 본다. 간단히 말하면, 사람들은 박해를 피하거나 일자리를 구하기 위해서 계속해서 유럽에 들어가길 원한다. 그런데 이들이 합법적인 비호를 신청할 수 없게 되면, 불법으로 밀입국 알선자를 고용한다.

국경 담벼락, 생체 검사, 비자와 같은 규제 조치들은 고립되어 결국 장기적으로 비정규 이주를 감소시키지 못한다는 게 명백해지고 있다. 비정규 이주자들에게 모국에서 안전 강화와 생계 개선을 위한 개발 목표 달성, 그리고 좀 더 합법적인 이동 기회의 확대를 포함하는 조치, 즉 비정규 이주의 원인을 시정하려는 능동적인 조치가 필요하다. 동시에 모든 국가가 통제를 해제하고 국경을 개방하는 것은 때로 지지를 받지만 비현실적인 이야기이다. 이제 대다수 비평가는 예측 가능한 미래에 비정규 이주가 계속될 것임을 인정한다.

국제 난민 제도의 개혁

최근 국제 난민 제도에 대한 압박이 커지고 있다. 6장에서 보았듯이 세계 난민의 숫자는 50년 만에 최고 기록에 도달했고, 그 수치는 가까운 미래에 줄어들지 않을 것이다. 이에 대한 탁월하고 탄탄한 해결책이 없어서 상황은 장기화되고 난민 비율은 증가하고 있다. 전 세계에서 난민에 적용되는 조건들은 계속해서 악화되고 있다. 전 세계 난민을 위한 조건들 또한 새로운 정점에 올랐다. 전 세계 비호 신청자들의 규모는 적법한 난민이 될 수 없는 이런 현실을 더 어렵게 한다.

또한 국제 난민의 자금 지원에 위기가 생겼다. 개발도상국들은 도움이 필요한 거대한 난민들 대다수를 보호하고 돕는 유엔 난민 고등 판무관에 기부하는 것보다 훨씬 큰 비용을 상대적으로 작은 수의 비호 신청자에게 진행되는 비호 제도에 지불한다.

난민의 정의는 점점 현실과 동떨어지고 있다. 특히 1951년 협정에는 환경에 대한 언급이 없다. 기후 변화가 이재 이주에 영향을 준다는 것을 명확히 말하기는 어렵지만, 여전히 이재 이주자들이 정말 실재할 것라는 점은 의심의 여지가 없다. 하지만 당장 그들을 보호할 법적 근거는 없으며, 그들을 보호할 의무나 역량을 지닌 국제기구도 없다. 요약하자면, 국제 난민 제도는 국가에 불합리한 요구를 하고 있고, 더 이상 난민을 보호하지도 못한다. 그렇다면 어떻게 해야 하나?

6장에서 지적했듯이 아무리 구닥다리여도 1951년 협정을 재조정하지 말아야 할 마땅한 이유는 있다. 그러나 국제적인 보호 제도는 개혁이 필요해 보인다. 첫째, 국제 보호 제도는 목적국의 책무에만 초점을 두기보다, 이동을 일으킨 국가들에게 책임과 제재를 부과하려는 노력이 필요하다. 둘째, 장거리 비호 신청을 줄일 필요가 있다. 방법은 국내 난민의 보호를 강화하는 것, 이웃 나라들에서 비호 신청을 효율적으로 진행하는 것, 밀수 단속을 하는 것을 포함한다. 셋째, 목적국이 지는 비호의 부담을 덜어 주어야 하는데, 이들 나라 간에 부담을 나누는 공정한 제도가 구상되어야 한다.

마지막으로 난민을 보호하고 돕는 현행 제도의 정비에 비용을 낼 필요가 있다. 유엔 난민 고등 판무관은 국내 난민과 같이 제도상 공식적으로 위임받지 못한 사람들을 위한 일이 점점 더 많아지고 있다. 국제 이주 기구 같은 여타 기구들도 비호 신청자와 난민 관련 업무가 점점 더 늘고 있다. 이주자와 난민을 나누는 개념 구분은 모호해지고, 실질적으로 구별하는 것은 너무 어려워졌다.

이주자들의 존중

7장에서 이주가 수용 사회에 끼친 경제, 정치, 사회, 문화적 영향을 다룬 주요 논쟁 몇 가지를 소개했다. 의심할 데 없이 사회들은 이주의 규모가 커지고, 이주의 다양성이 증대함에 따라 통합의 문제들과 계속 씨름하고 있고, 새로운 세계 경제 현실, 새로운 안전 원칙, 근본적인 인구 변동에 적응하기 위해 힘을 쓰고 있다.

그러나 많은 비평가는 국가적으로 그리고 국제적으로 경제, 정치, 특히 안전에 대한 우려를 과장해서, 이주자의 권리가 위협받고 있음을 숨기려 한다고 지적한다. 이주자의 권리를 옹호하는 것은 이주 정치를 예측할 수 있게 하는 매우 중요한 요소가 될 것이다.

7장에서는 성공한 이주자들, 예컨대 민족 기업, 고숙련, 초국적주의의 사례를 폭넓게 제시하면서, 어떤 이주자 집단들이 실업 상태이거나 낮은 지위의 일자리를 채우고 있고, 가난한 환경 속에 살고 있는지를 상기시켰다. 이주자들이 불리한 특정 상황에 놓인다는 명백한 증거가 있다. 이주자들은 종종 법적 권한이 없거나 제한적이며 사법 제도상으로 차별당한다. 이주자들이 교육과 의료에 접근하는 것은 제한적이다. 이주자들은 종종 시민으로서 참여가 배제된다. 또 이주자들은 학대, 인종과 종교적 증오, 폭력으로 고통받는다.

여성 이주자는 특별한 문제에 맞닥뜨리고 있다. 물론 이주로 크게 성공해서, 같은 여성 이주자들에게 힘을 실어 주는 사람도 있다. 그러나 결혼 이주 여성, 가사 노동 이주 여성, 유흥과 성 산업 이주 여성은 특히 착취와 사회적 고립으로 취약하다. 인신매매라는 특별한 문제는 앞서 이미 설명했다. 이주 여성은 수많은 나라의 노동시장에서 차별을 경험한다. 그들은 해고되기 쉽고, 심지어 임신하면 국외로 추방되며, HIV/AIDS에 걸리면 사회적으로 오명을 뒤집어쓰기도 한다. 특히 빈곤과 착취가 심한 커뮤니티에서 이주 여성은 배우자로부터 폭력을 당할 위험도 있다. 게다가 남성보다 집에 머무는 경우가 더 많아서, 이주 여성은 새로운 사회의 구성원으로 통합되는 데 필요한 언어 능력을 기르고 사회적 네트워크를 만드는 데 어려움을 겪는다.

이주 아이들도 특별한 관심이 필요하다. 아이들은 익숙한 삶을 뒤로 하고 언어와 문화가 꽤 낯선 사회에 놓이는데, 이로 인해 아이들이 어른보다 더 정신적 외상을 입는다. 이주는 가족 관계에서 성과 세대 간 갈등을 초래할 수 있으며, 이는 젊은 순서대로 구성원의 복지에 직접 영향을 줄 수 있다. 최악의 경우 특히 여자아이들과 젊은 여성들은 폭력을 당하거나 모욕을 받을 수 있다. 이주 아이들은 성장해 가면서 자신의 정체성과 자기에게 충실함이 아닌 소외와 불확실성을 경험하게 되는데, 특히 차별과 외국인 혐오를 당했을 때이다.

좀 더 합리적인 토론을 향해

이 책의 전반적인 목표는 국제 이주에 대한 좀 더 합리적인 토론 분위기를 조성하는 것이다. 토론은 과장된 언론 보도보다 증거에 충실해야 한다. 토론은 세계적인 맥락 위에 지역 문제를 올려놓을 필요가 있다. 한두 집단을 악마화하는 데 초점을 맞추기보다 인구 이동의 전체상을 고려하는 게 중요하다. 또한 '이주'라는 단어를 명확하고, 일정하고, 비차별적인 방식으로 사용해야 한다. 이를 위해서 통계의 한계를 이해하는 게 필요하다. 관련된 누구나를 위해 이주의 모든 면에서 이점과 불리한 점을 균형 잡힌 시각으로 보는 게 필요하다.

추가참고도서

국제 이주와 난민에 관해서는 방대한 양의 학술 저술이 나와 있다. 여기
서는 이 책의 각 장별로 다루는 주제와 관련한 주요 참고 텍스트를 추
가로 뽑아 놓았다. 물론, 여기 목록이 다는 아니다. 책에서 다룬 연구의
대다수는 학술 잡지에서 가져왔는데, *Asia and Pacific Migration Journal*(케
손시티: 스칼라브리니 국제 센터), *International Migration*(워싱턴 DC: 국제 이주학
연구소), *International Migration Review*(뉴욕: 이주학 연구소), *Journal of Ethnic
and Migration Studies*(브링턴: 서섹스대학교 이주 연구 센터), *Journal of Refugee
Studies*(옥스퍼드: 난민학 센터)는 최신 학술 논문들의 출처로서 중요하다. 옥
스퍼드대학의 이주, 정책, 사회 센터COMPAS의 웹사이트(www.compas.ox.ac.
uk)도 이주 정책 연구소의 이주 자료(www.migrationinformation.org) 만큼 추
가 독서를 위해 좋은 출발점을 제공할 것이다. 국제 이주 기구International
Organization for Migration(IOM: www.iom.int)와 유엔 난민 고등 판무관United Nations
High Commission for Refugees(UNHCR: www.unhcr.ch)의 웹사이트는 국제 이주와
난민에 관한 보고서와 자료를 얻을 수 있는 좋은 출처이다.

1장. 왜 이주가 중요한가?

IOM, *World Migration 2013: Mgrant Well-Being and Development*(IOM, 2013)
는 현재의 이주 문제와 자료를 개관하는데, 국제 이주 기구에서 정규
로 출판한 것 중 가장 최신판이다.

Stephen Castles, Hein de Haas, and Mark Miller, *The Age of Migration:
International Population Movements in the Modern World*(5th edn,
Macmillian, 2013)는 현재의 이주 패턴과 과정에 관한 주요 교과서이며,
주요 이론 접근과 논쟁을 개관하고 있다.

Robin Cohen, *The Cambridge Survey of World Migration*(Cambridge University
Press, 1995)는 지난 3세기 동안 세계적으로 다양한 이주 문제를 다룬
논문들을 종합한 모음집이다.

2장. 누가 이주자인가?

Alex Aleinikoff and Douglas Klusmeyer, *Citizenship Today: Global Perspectives
and Practices*(2001년도 카네기 국제 평화 기금)는 통합과 시민권의 다른 모
델과 정책을 세계적으로 비교하고 개관했다.

Paul Boyle, Keith Halfacree, and Vaughan Robinson, *Exploring Contemporary
Migration*(Longman, 1998)는 국제 이주의 개념과 범위를 개관했다.

*Global Commission on International Migration, Migration in an Interconnected
World*(GCIM, 2005)과,

R. Iredale, S. Hawksley, S. Castles(eds.), *Migration in Asia-Pacific*(Edward Elgar,
2003). 그리고,

Steven Vertovec and Robin Cohen, *Migration, Diasporas and
Transnationalism*(Edward Elgar, 1999)는 지난 20년간 디아스포라와 초국적
주의를 다룬 주요 학술 논문과 챕터들의 모음집이다.

3장. 이주와 세계화

Stephen Castle and Alastair Davidson, *Citizenship and Migration: Globalisation and the Politics of Belonging*(Macmillan, 2000)는 이주와 정체성의 새로운 형태에 대한 세계화의 영향을 조사하였다.

Stephen Castles, Hein de Haas, and Mark Miller, *The Age of Migration: International Population Movements in the Modern World*(5th edn, Macmillian, 2013)는 특히 세계화와 국제 이주 사이의 관련성을 심도 있게 분석했다.

Peter Stalker, *Workers without Frontiers: The Impact of Globalization on International Migration*(Lynne Rienner, 2000)는 노동 이주의 경향과 정책을 세계적 관점에서 분석하고 의견을 채택했고, 노동자를 위한 국경 개방 논쟁은 주목할 만하다.

4장. 이주와 개발

Towards the 2013 High-Level Dialogue on International Migration and Development(UN, IOM, 2013)는 출발지와 목적지의 나라들에서 이주가 개발에 미친 영향을 연구한 최신 성과들을 살폈다.

Ron Skeldon, *Migration and Development: A Global Perspective*(Longman, 1997)는 특히 아시아에 초점을 두고, 이주와 개발의 관계를 살폈다.

UNDESA, *International Migration Report 2013*(UNDESA, 2013)는 현대 국제 이주에 초점을 둔 자료를 상세히 분석하였다.

5장. 비정규 이주

Ko-Lin Chin, *Smuggled Chinese: Clandestine Immigration to the United States*(Temple University Press, 1999)는 중국과 미국 간의 밀입국 이주를 자세하게 분석하였다.

Bill Jordan and Frank Duvell, *Irregular Migration: The Dilemmas of Transnational*

Mobility(Edward Elgar, 2003)는 비정규 이주와 비정규 이주자의 사례 연구에 대한 이론적인 개관을 담았다. 초점은 영국이다.

David Kyle and Rey Koslowski, *Global Human Smuggling*(2nd edn, Johns Hopkins Press, 2011)는 세계의 인신매매와 밀입국 이주를 다루는 장들의 모음으로 편집되었다.

6장. 난민과 비호 신청자

Barbara Harrell-Bond, *Imposing Aid*(Oxford: Oxford University Press, 1986).

Gil Loescher, *The UNHCR and World Politics: A Perilous Path*(Oxford University Press, 2001)는 유엔 난민 고등 판무관과 국제 난민 제도의 진화를 서술하였다.

Susan Forbes Martin, *Refugee Women*(2nd edn, Lexington Books, 2003)는 여성 난민과 정책 권고에 초점을 두었다.

UNHCR, *The State of the World's Refugees*(Oxford University Press, 2012)는 현재 난민 수용소와 난민 관련 문제와 자료를 개관해 제공하는 유엔 난민 고등 판무관의 격년간 출판물 중 최신판이다.

7장. 사회 안의 이주자들

George Borjas, *Friends or Strangers: The Impact of Immigration on the US Economy*(Basic Books, 1990)는 20세기 미국에서 이주가 끼친 경제적 영향을 분석하였다.

Robin Cohen and Zig Layton-Henry, *The Politics of Migration*(Cheltenham: Edward Elgar, 1997)는 이주와 이주자의 정치적 영향을 개관하였다.

Alejandro Portes and Ruben Rumbaut, *Immigrant America: A Portrait*(3rd edn, University of California Press, 2006)는 미국에서 이주가 끼친 다양한 영향을 분석하였다.

8장. 국제 이주의 미래

Wayne Cornelius, Phil Martin, and Jim Hollifield, *Controlling Immigration: A Global Perspective*(2nd edn, Stanford University Press, 2003)는 전 세계 이주 통제 정책과 이를 강조하는 철학을 비교하였다.

Foresight, Migration and Global Environmental Change(London: Department for Business, Innovation and Skills, 2011)는 이주와 이동에 대한 기후 변화의 함의를 다루었고 가장 훌륭한 분석과 예측을 만나게 된다.

Ari Zollberg and Peter Benda, *Global Migrants, Global Refugees: Problems and Solutions*(New York: Oxford University Press, 2001)는 현재와 미래의 다양한 이주와 난민의 문제들에 관한 모음집으로 편집되었다.

최근 이주나 이주자 등과 관련된 문제는 우리 삶과 직접적인 연관이 있으며 누구도 벗어날 수 없는 문제이다. 예컨대 2020년의 신종 코로나 바이러스 감염증으로 인한 외국인 혐오증 xenophobia이나 2018년의 예멘 난민 사태 등을 보았을 때, 이주는 일부 지역이 아니라 온 나라의 관심사가 된 지 오래다. 이 책은 이주에 대한 세계 학계의 여러 논의를 알기 쉽게, 짧게 그리고 효과적으로 정리한 것이다.

저자인 칼리드 코저 박사는 글로벌 지역사회 참여 및 복원력 기금Global Community Engagement and Resilience Fund의 전무이사이다. 그는 브루킹스 연구소Brookings Institution의 외교 정책 선임 연구원이자, 제네바 국제 개발 연구소의 연구원이고, 네덜란드 마스트리흐트Maastricht대학교의 분쟁·평화·안보학과 교수로 있다. 또한 세계 경제 포럼World Economic Forum 이민 주제 글로벌 아젠다 협의회Global Agenda Council on Migration의 의장이며 *Journal of Refugee Studies*의 편집장이기도 하다.

이 책은 2007년 1판이 나온 이후 2016년에 나온 2판이다. 저자는 2판에서 세 가지에 중점을 두었다. 첫째는 정의와 개념을 명확히 하고 현재의 명백한 증거에 의한 이주 논쟁을 알려 주는 것, 둘째는 세계적인 언론에 의해 무시되는 가난한 나라 출신인 대다수 이주자를 이해하는 것, 셋째는 이주에 대한 균형적인 인식이다.

본서의 주요 목차는 다음과 같다.

1. 왜 이주가 중요한가?

2. 누가 이주자인가?

3. 이주와 세계화

4. 이주와 개발

5. 비정규 이주

6. 난민과 비호 신청자

7. 사회 안의 이주자들

8. 국제 이주의 미래

1장에서는 이주의 개념과 약사略史를 소개하고 있다. 이주는 새로운 현상이 아니라 중요한 세계 사건들과 갈등·박해·강탈 같은 중요한 문제들과도 연계되어 왔기 때문에, 이주는 역사상 중요했고 오늘날에도 중요하다. 국제 연합UN은 국제 이주를 원래 살던 곳이 아닌 곳에서 적어도 1년 이상 머무른 사람으로 규정한다. 이런 정의에 따라 2013년에만 대략 2억 3,200만 명의 국제 이주자가 있다고 추정하였다. 이는 지구상 네 번째로 인구가 많은 인도네시아 인구와 맞먹는 수치이다. 오늘날 세계의 35명 가운데 한 명은 국제 이주자이고, 세계 인구의 3퍼센트가 국제 이주자이다. 이전과 다른 최근 국제 이주의 주요 경향은 첫 번째가 이주자 사이에 여성의 비율이 급격하게 증가한 것, 두 번째가 나라 간 출발지, 경유지 그리고 목적지의 전통적인 구별이 불분명해지고 있다는 것, 마지막으로 지난 여러 세기 동안 일어났던 대다수의 이동은 영구적이었던 반면에, 오늘날에는 일시적인 이주가 훨씬 더 중요하게 되었다는 것이다.

2장에서는 이주의 유형과 개념에 관해 설명하였다. 저자는 이주를 우선 '자발적인' 것과 '강제적인' 것으로 나누고, 다음으로 정치적·경제적·사회적인 이유로 움직이는 이주로 구별하였고, 마지막으로는 합법과 불법, 그리고 '비정규' 이주를 구분하였다. '비정규' 이주자는 다양한 범위의 사람들을 포함하는데, 주로 문서나 위조된 문서가 없이 입국하는 이주자들과, 합법적으로 입국했지만 비자나 노동허가증이 만료됐음에도 남아 있는 이주자들을 말한다. 이주를 이렇게 세 가지로 나누어 볼 수 있지만 각 유형 사이에 겹침이나 구분의 불분명함, 한 유형에서 다른 유형으로의 변화 등이 있을 수 있기에 구별이 쉽지 않음을 말하고 있다.

이주를 끝냈을 경우는 두 가지로 나누는데, 하나는 귀환이주Return migration로 모국으로 돌아오는 경우이고, 다른 하나는 이주를 통해 새로운 나라에서 시민이 되는 것이다. 후자는 두 개의 경쟁적인 통합 모델을 초래한다. 동화는 하나의 모델로, 일방적인 과정으로 이주자들이 그들의 언어, 문화, 사회 특성을 포기하여 대다수 사람과 구별이 없게 되기를 바라는 것이다. 넓게 프랑스가 이 모델을 따른다. 다른 대안은 이주자들을 대다수 사람과 구별되는 민족 커뮤니티ethnic community에 속하게 하는 다문화주의이다. 호주, 캐나다, 네덜란드, 영국, 미국이 이 모델을 따른다.

3장에서는 이주의 동기에 관해 설명하였다. 국제 이주는 세계 경제와 사회 구조를 변화시키는 데 점진적으로 이바지했다. 개발, 인구, 민주화의 격차는 세계적인 일자리 위기가 선진국에 큰 영향을 주듯이, 이동에 강력한 동기를 제공한다. 부유한 나라에서의 노동시장의 세분화는 그곳에서 이주 노동자에 대한 수요를 창출하였다. 통신 혁명은 잠재적인 이주자들에게 불평등과 기회에 대한 경각심을 부추겼고, 운송의 변신은 이동을 싸게 그리고 좀 더 쉽게 만들었다. 이주 네트워크는 빠르게 늘어났고 이주를 활성화했다. 이주 산업의 성장은 심지어는 공식적으로 허용되지 않은 국제 이주에 대한 기회를 추가하였다.

4장에서는 국제 이주가 모국의 발전에 끼치는 영향에 대해 살펴보았다. 긍정적인 면에서 이주자들은 고국에 상당한 액수의 돈을 보내고 해외에서 다른 이바지를 하기도 하며, 돌아올 때는 새로운 기술, 경험, 연락처 등을 가지고 온다. 부정적인 면에서는 이주는 '두뇌 유출'을 통해 나라의 기술을 고갈시킬 수 있다.

특히 개발도상국에서 송금은 기업 투자 다음으로 외부 자금의 가장 중요한 원천이고, 개발에 대한 도움과 구호를 통한 기부의 가치에 거의 두 배에 해당한다. 최근에 송금이 급속하게 늘어난 주요 이유는 우선 값싼 항공 운송, 둘째는 관광의 성장, 셋째는 통신이다. 값싼 통화와 확장되는 인터넷 접근은 이주자와 그들의 가족이 이전보다 더 규칙적으로 연락을 할 수 있다는 것을 의미하고, 이로 인해 이주자의 친구와 가족들은 조금 더 쉽게 도움을 요청할 수 있게 되었다. 한편 송금은 사람들을 가난에서 구할 수가 있다. 아울러 늘어나는 수입 송금은 수령자들을 다양화시킬 수 있는데, 이는 가정이 하나의 소득에 덜 의지하게 됨을 의미한다. 이런 방식으로 송금은 위험에 대비한 보험을 제공하기도 한다. 최근에 페기 레빗Peggy Levitt은 '사회적 송금'이라는 개념을 제시하기도 하였다. 이는 사람들은 고향에 단순히 돈을 보낼 뿐 아니라 새로운 사상, 사회 문화적 행동, 그리고 행위 규범도 보낸다는 것이다.

5장에서는 비정규 이주에 관해 설명하였다. 합법적인 방법보다 변칙적인 방법으로 움직이는 이주자들의 숫자가 늘어나는 이유는, 주로 목적국에서 합법적인 이주에 대해 규제가 늘었기 때문이다. 저자는 일반적으로 사용하는 '불법'이란 말을 피하고자, '비정규'란 용어를 사용해 왔다. '불법'이란 용어에 대한 가장 강력한 비판은 사람들의 인간성을 부정적인 용어인 '불법'으로 규정짓는 것이다. 다른 비판은 '불법'이란 용어가 범죄와 관련성이 있는 뉘앙스이기 때문이다. 비정규 이주자에 대한 통계는 불분명한데 가장 극단적인 통계에서는 비정규 이주자가 세계 모든 이주자의 50퍼센트 정도일 것이라고 하고, 유럽 연합과 대부분의 유럽 연합 개별 국가에서는 10퍼센트라고 한다.

최근에 비정규 이주에 대해 논란이 있었다. 하나는 비정규 이주가 국가 주권을 위협한다는 주장인데, 이는 엄청난 비정규 이주자의 수에 의해 국가가 압도된다는 개념이다. 현실에서는 대다수의 나라에서 전체 이주자 가운데 비정규 이주자는 상당히 낮은 비율을 점한다. 둘째로 비정규 이주자들은 어떠한 실질적인 행위 없이 잘못된 편견을 받는다는 것이다. 비정규 이주자들이 불법을 저지른다거나 에이즈 같은 질병의 확산과 관련이 있다는 선입관이 있다. 이 두 선입관은 잘못된 것이다.

6장에서는 난민과 비호 신청자 문제를 다루었다. 1951년에 체결된 난민의 지위에 관계된 유엔 협약에서는 난민을 다음과 같이 규정한다. "그가 '인종, 종교, 국적, 특정 사회 집단의 구성원 신분, 정치적 견해를 이유로 박해를 받을 수 있다는 합리적인 근거가 있는 공포로 인하여, 자신의 국적국 밖에 있는' 사람이다." 이러한 기본 정의에 아프리카와 라틴아메리카 모두에서 예외 상황이 인정되고 있지만, 세계적으로 적용되는 정의이다.

유엔 난민 고등 판무관UNHCR은 2014년에 전 세계적으로 거의 2,000만 명의 난민이 있다고 보고하였는데, 이 당시 가장 중요한 난민의 출신국은 시리아, 아프가니스탄, 소말리아이다. 가장 중요한 수용국은 튀르키예, 파키스탄, 그리고 레바논이다. 난민 이동의 원인에 대해서는 메리 칼도Mary Kaldor의 '새로운 전쟁new wars'이란 개념을 소개하였다. 이에 따르면 첫째, 사람들의 선입관과 달리, 오늘날의 거의 모든 갈등은 국가 간이 아니라 국가 안에서 윤리나 종교를 원인으로 싸운다. 둘째, 전쟁은 '비공식적'이나 '사적'으로 되어 가는데, 전문 군대에 의해서가 아니라 용병 등에 의해 싸움이 이루어진다. 셋째, 과거 전쟁에서는 주로 전투원을 죽이는 데 반해, 오늘날에는 시민들을 죽인다. 넷째, 특히 아프리카에서 근대 갈

등이 오래가거나 재발하는 경향이 있다. 이러한 전쟁의 새로운 양상은 난민을 증가시켰다. 난민 문제의 영구적 해결책은 첫째는 자발적인 본국 송환으로, 다른 말로는 난민들을 고향으로 돌려보내는 것이다. 두 번째는 난민들이 주최국에서 영구적으로 거주하는 지역 통합이다. 셋째는 국가 재정착으로, 이것은 일반적으로 캠프 출신 난민들 대부분이 선진국인 다른 나라에 영구적으로 재정착하는 과정을 말한다.

7장에서는 현재 가장 치열한 논란 가운데 하나인 목적국에 대한 이주의 영향에 관해서 서술하였다. 이주의 경제적 영향에 대한 일반적인 논의에서 세 가지 점이 특별한 관심을 끄는데, 즉 자국민의 취업률, 그들의 임금 수준, 재정적인 영향 특히 공공 부문 비용에 대한 영향이 그것이다. 이 문제는 오늘날 한국에도 직결되는 문제인데, 각종 사회·경제 관련 기사에 달린 댓글을 통해 알 수가 있다. 저자가 제시한 산업화한 사회에서의 광범한 상대적 연구 성과에 따르면, 지역사회의 일자리에 끼치는 이주의 영향은 경제적 성장과 일자리 창출이라는 점에서 최악의 상황에는 중립, 최상의 경우에는 긍정적이라는 것을 가리킨다. 이주의 공공 재정에 대한 영향과 관련해서는, 호주·독일·영국, 그리고 미국에서의 개별 연구들은 긍정적인 효과가 있었다. 즉, 모든 이주자는 그들이 받은 것보다 세금으로 낸 것이 더 많았다!

이주의 정치적 영향에 관해서는 서유럽의 사례를 들었다. 서유럽에서 이슬람교도 이주자와 2·3세대들은 불균형의 실업률에 의해 영향을 받아 왔는데, 대다수는 교육과 주거 문제가 혼합되어 있다. 이러한 사회 경제적 긴장은 최근에 강조되고 있다. 반이민 정치 운동은 최근 수십 년간 대다수 유럽에서 전개됐고 상당히 늘어나고 있다. 산업화한 세계에서 정치적 의제로서 이주의 성장은 중요한 이유가 되어 왔다. 또 다른 목적국에서 정치에 대한 잠재적인 영향은 원조 이주자 시민 가운데 인종 투표 그룹의 형성이다. 가장 대표적인 예는 1992년 이래 모든 총선의 결과에 이주자들이 결정적으로 영향을 끼쳤고, 대략 이스라엘 선거구의 15퍼센트는 구소련 출신의 유대인들이라고 한다.

이주의 사회적 영향으로는 인구 결손을 보완하는 데 이바지한 점이다. 상당수 선진국에서는 인구 감소와 노령화가 동시에 진행되고 있다. 이는 한국에서도 마찬가지이다. 대부분 비평가는 이주가 얼마나 중요한 역할을 할 수 있는지에 대해서 강한 불일치가 있음에도 불구하고, 이주가 인구 부족을 감소시키는 하나의 방법이 될 수 있다는 것에는 동의한다. 반대론자들은 노동자 수입은 이주자들도 늙어 가기 때문에, 노령화된 노동자를 대체하는 단기간의 처방이라고 주장한다. 따라서 이주가 인구 부족 감소의 완화에는 어느 정도 기여하고 있음을 알 수가 있다.

이주의 문화적 영향으로는 사회와 문화를 다양하고 다방면으로 만든 것이다. 이는 '세계적 도시'라고 불리는 뉴욕, 런던, 그리고 홍콩 같은 주요 도시에서 가장 민감하게 느껴진다. 이주는 적어도 세 가지 면에서 그런 도시들 일부가 되어 왔다. 첫째, 세계적 도시는 그들의 경제 상태가 크게 기반하는 회계, 광고, 그리고 보험 같은 국제 금융, 법률 서비스, 그리고 높은 수준의 경영 서비스를 일으키는 데 고숙련된 이주자와 기업 내 전근자ICT에 특히 의존한다. 둘째, 이주자들은 또한 모든 도시가 똑같이 단순하게 의존하는 운수, 쓰레기 처리, 병원, 건설, 그리고 음식 배달 같은 낮은 지위의 직업을 메꾸기도 한다. 셋째, 노동 가능성의 결과로 국제 이주자들은 세계적인 다른 큰 도시들로 점차 모이게 되었다. 한편 이주자들이 다른 방법으로 사회와 문화를 풍성하게 하는 것은 새로운 초국적 정체성을 통해서이다. 물론 초국적주의에 대해서는 비판이 많다. 그런데도 가장 열정적인 도시들도 아마 이주가 목적국에서 사회적, 문화적, 경제적으로 중요한 변화에 영향을 미치는 세계화와 연계됐다는 것에 동의할 것이다. 이러한 변화들은 돌이킬 수 없다.

8장에서는 국제 이주의 미래에 대해 전망하였다. 저자가 뽑은 주요 키워드는 다섯 가지이다. 첫째는 아시아계 이주이다. 아마도 국제 이주라는 면에서 아시아에서보다 더 중요한 미래는 없을 것이다. 1970년대와 1980년대에 아시아 출신 국제 이주는 기록적으로 늘어났다. 주요 목적지는 북미, 호주, 걸프만의 국가들이었다. 2000년 미국에 700만 명의 아시아계 이주자들이 있었는데, 중국은 멕시코 다음으로 많은 이주자가 있었다. 이후 오늘날 이주 면에서 주요한 성장은 아시아 내부에서의 이주이다. 이 책의 첫판이 나온 2007년 이후 아시아에서 거의 2,000만 명의 이주자의 증가가 있었다. 국제 노동 기구ILO에 의하면 아시아 안에서 취업을 위한 이주는 1997~1999년 아시아 금융 위기에도 불구하고 1995년 이래 매해 6퍼센트 정도가 늘어났다고 한다. 이러한 국제 이주의 잠재적 성장은 거대하다. 동아시아와 동남아시아에서의 경제 성장의 둔화에 대한 조짐이 없어서 이 지역들은 더 많은 이주 노동자들을 끌어들일 것이다.

둘째는 국내 인구 이동이다. 전 세계적으로 2억 3,200만 명의 국제 이주자들이 있는데, 그중 중국에만 2억 명의 국내 인구 이동자가 있다고 추정된다. 이러한 국내 인구 이동이 국제 이주의 미래를 그리는 데 중요한 주요 이유는, 그것이 종종 국제 이주를 뛰어넘기 때문이다. 다른 말로 시골에서 읍내나 도시로 이동한 사람들은 나라 밖으로 이동해 왔다. 이들은 국내 이동이 자체의 선택이고 사회 안에서 모험 정신을 조금 더 가지게 되고, 차례대로 이러한 사람들이 국경을 넘는 이주의 위험을 감수할 가능성이 크다. 또한, 국내 인구 이동은 경제 발전에도 이바지한다. 국내 인구 이동은 최근에 중국의 연간 GDP 성장에 16퍼센트까지 이바지하는 것으로 추정된다. 주요한 이유는 국내 인구 이동이 특정 지역의 실업을 낮추는 방법이자 다른 지역의 노동시장의 틈을 메꾸는 방법이기 때문이다.

셋째는 임시 이주이다. 세계에서 이주자가 증가하는 수많은 나라는 임시 이주 프로그램을 도입하고 있는데, 중요한 점은 그들이 고국으로 돌아갈 것이라는 전제 아래 이주 노동자들에게 일정 기간의 이주를 허용하는 것이다. 이것은 고숙련 노동자와 저숙련 노동자 모두에게 적용된다. 임시 이주는 출신국과 목적국 모두에게 도움이 된다. 먼저 목적국에서 임시 이주의 이점은 특정 시기와 지역에서 특별한 노동시장의 틈을 채울 수 있다는 것이다. 또한, 사회 통합의 장기간에 걸친 변화를 피할 수 있고, 이주에 대한 수용국 사람들의 부정적인 태도와 반응을 낮출 수 있다. 다음으로 원래 국가로서도 임시 이주는 국내 실업률을 낮출 수 있고, 송금을 통해 재정적인 기여도 받을 수가 있다. 일정 기간 이후 이주자들이 돌아와서, 장기간의 두뇌 유출을 피할 수가 있고 첨가된 기술을 가진 이주자로서 두뇌를 얻을 수가 있게 된다.

넷째는 비정규 이주에 대한 문제이다. 비정규 이주는 국제 이주의 미래에 중요한 요소로 계속될 것이다. 그 첫 번째 이유는 비정규 이주를 포함한 국제 이주의 규모를 결정하는 힘은 다른 사회들에서 경험되는 번영과 안전의 늘어나는 강력한 차이 때문이다. 두 번째는 어떤 나라들은 변칙 이주를 통제할 정치적인 의지가 부족하기 때문이다. 비정규 이주자들은 값싼 노동력을 제공하고 정규 이주자와 국적자가 하지 않는 직업도 기꺼이 하려 하기 때문이다. 세 번째는 비정규 이주를 감소시키려는 정책들이 효과가 없거나 심지어는 의도하지 않은 결과를 초래했기 때문이다. 따라서 비정규 이주는 앞으로는 통제에서 관리로 그 대책의 전환이 이루어져야 함을 주장하였다.

다섯째로 이주자들에 대한 존중을 주목하였다. 7장에서 이주 주최국에 대한 이주의 경제, 정치, 사회, 그리고 문화 영향을 둘러싼 주요 논쟁을 소개하였다. 사회들은 물론 이주의 규모와 다양성만이 아니라 새로운 세계 경제의 현실, 새로운 안전 정책, 그리고 근본적인 인구 변화에 적응하기 위해 통합의 변화들과 투쟁해야 한다. 그리고 마지막으로 조금 더 이성적인 논쟁을 위하여, 논쟁은 과장된 언론 보고서에 의존하기보다는 증거를 고려해야 하며, 지역적인 관심도 세계적인 맥락에서 고려해야 한다.

오늘날 국제 이주는 왜 극심한 대중적, 정치적 관심사가 되었는가? 이주자들이 테러 조직과 얼마나 밀접하게 연관되어 있는가? 이주하는 여성의 수가 급격히 늘어난 배경에는 어떤 요인들이 있는가? 이러한 질문들에 대해 이 책에서는 합법적이든 불법적이든 국제 이주의 현상에 대해 살펴보고,

이주가 현재의 경제 풍토에 비추어 실제로 이용해야 할 기회를 제공한다는 것을 보여 준다. 저자는 이주자들이 지역 노동자들로부터 일자리를 빼앗고, 그들이 자신의 이익을 전혀 돌려주지 않고 건강 관리 시스템과 서구 생활 환경을 이용한다는 주장과 같은 신화를 논박하고, 지금 우리가 알고 있는 사회는 그들 없이는 기능할 수 없다는 것을 규명하였다. 이주민들은 국내 노동시장의 주요 격차를 메울 뿐만 아니라, 멕시코와 필리핀과 같은 곳에서는 본국 경제에 큰 영향을 미치고 있다. 이주민들이 송금하는 돈은 종종 공적인 개발 원조를 초과한다. 저자는 세계 각국의 이주자들과의 인터뷰를 통해 비호, 난민, 인신매매, 이주자 밀수, 개발, 국제노동력 등에 담긴 인간적인 측면을 제시한다. 그의 목표는 독자들이 보통 언론과 정치인들이 다루는 주제를 벗어나 오늘날 국제 이주 상황에 대해 스스로 결론을 내릴 수 있게 하는 것이다.

(윤재운, 2020, 「오늘날 세계가 당면한 어려운 문제인 이민에 대한 안내」, 『현대사회와 다문화』 10권 1호, 대구대학교 다문화사회정책연구소)

찾아보기